Les Cas de Conscience
modernes

JEAN DE BONNEFON

Les
Cas de Conscience modernes

QUATRIÈME ÉDITION

PARIS

L'ÉDITION MODERNE

AMBERT & Cⁱᵉ, 25, rue LAURISTON

« *Il faut énergiquement s'efforcer de réfuter les mersonges et les faussetés, en recourant aux sources ; ayant surtout présent à l'esprit que la première loi de l'histoire est de ne pas oser mentir ; la seconde de ne pas craindre de dire la vérité. En outre, il faut que l'historien ne prête au soupçon ni de flatterie, ni d'animosité.* »

LÉON XIII (lettre du 18 août 1883).

« *Le catholique doit savoir dire toute la vérité, entendre toutes les vérités.* »

Cardinal SARTO, aujourd'hui PIE X (lettre privée, 27 décembre 1899).

Les Cas de Conscience modernes

LIMINAIRE

Qu'est-ce qu'un cas de conscience?

C'est un scrupule qui se trouve sur le chemin des âmes délicates, se dirigeant vers le ciel à travers les poussières du temps.

C'est un ruisseau qui coupe la route calme.

Les âmes les plus hardies le sautent, appuyées sur le solide bâton d'un principe.

D'autres font construire un pont avec tout le luxe de la chose, arches et contreforts.

Les ingénieurs du travail sont les confesseurs ordinaires ou extraordinaires, les confesseurs laïques parfois.

Certaines s'arrêtent devant le ruisseau, refusent de passer et grossissent le flot du flot de leurs larmes.

Beaucoup suivent le fil de l'eau, descendent le long du ruisseau, s'égarent dans les sentiers ombreux, cherchent en vain un gué, puis rebroussent chemin.

Il y a enfin la multitude, la foule, les êtres qui ne trouvent jamais en leur marche de cas de conscience, pour la très simple raison qu'ils n'ont la conscience fort développée.

Les cas de conscience ne sont donc pas à la portée de tous. Telle chose est cas de conscience pour la bonne religieuse, derrière la grille de son cloître et de sa vie, qui n'est pas cas de conscience pour l'évêque subtil et prudent, accoutumé au maniement des idées et au frottement des humanités.

Les cas de conscience sont infinis en nombre, comme est infinie la conscience en profondeur.

On examinera dans ce livre les cas qui se rencontrent le plus souvent sur les grands chemins où les âmes modernes passent, aveugles qui cherchent le but en hésitant.

Les cas de conscience portent d'ordinaire sur des actes. Mais une conscience délicate s'interroge aussi parfois avec douleur sur des dogmes qui l'affligent ou la consolent.

C'est un cas de conscience pour l'historien de savoir s'il doit détruire la légende jolie de l'*apostolicité* des églises de France ou s'il doit tolérer cette erreur parce que l'extraction en est douloureuse aux abbés sensibles.

C'est un cas de conscience (et grave) pour l'écrivain de savoir s'il convient de dire tout ce qui est vrai ou de taire le plus gros, s'il convient de montrer les faiblesses humaines de la religion divine ou de les couvrir d'une chape d'or.

La question se pose ainsi : Un écrivain a-t-il le droit d'attaquer les erreurs et les fautes publiques, d'où qu'elles partent ? Peut-il arracher les faux-nez, quelle que soit la gloire du visage qui les porte ?

Le caractère de ce temps-ci, c'est la convention qui enlace jusqu'à l'histoire. Mais l'histoire reste le jugement de Dieu en première instance, et c'est un grand honneur que d'en préparer le dossier.

Les anciens et les modernes nous encouragent à cet exercice, depuis Baronius qui disait : « Dieu a fait les pontifes infaillibles, non impeccables, » jusqu'à Dupanloup qui écrivait : « Laissez juger les évêques ; cela est bon pour tous ; cela est bon pour les évêques, bon pour l'Église, bon pour le pays. »

On devrait ouvrir le marbre sous lequel dort Bourdaloue et montrer le maître criant : « La grande maxime, pour mieux parler, le grand abus de la science du monde est de taire les vérités désagréables ». Et quand les ombres de ces grands morts sont rentrées dans leur silence, celle du vieillard qui absorba dans sa gloire d'un moment les noms des plus grands papes se présente. On le voit écrivant le jour même où il ouvrait les archives du Vatican : « La première loi de l'histoire est de ne pas oser mentir ; la seconde de ne pas craindre de dire la vérité ; en outre, l'historien ne doit prêter au soupçon ni de flatterie, ni d'animosité. »

Cet oracle cité, on peut parler librement.

Dans toute guerre, on démolit légitimement, pour les besoins de la défense, les édifices religieux et sacrés. Devant la vérité

qui passe, les dignités et les titres doivent
se ranger. Les puissants doivent saluer le
Droit éternel, qu'il soit représenté par le
pontife romain, auguste vicaire de Dieu,
ou par le lépreux du chemin. Les haines que
soulève l'analyse fidèle sont celles des
criminels et restent honorables, selon saint
Grégoire le Grand, « autant et peut-être plus
que les éloges des bons ». Il faut savoir
distinguer le caractère sacerdotal et les
fautes de l'homme contre ce caractère : « Les
bons prêtres, dit saint Paul, méritent un
double honneur, l'un pour leur caractère,
l'autre pour leur conduite. » Donc, les prêtres
inférieurs à leur mission méritent l'honneur
pour leur caractère et le blâme pour leur
conduite. Et ce blâme doit élever sa sévérité
à mesure que monte la dignité du prêtre.

Jamais un homme n'écrira sur les prélats
contemporains, sans risquer la police correc-
tionnelle, ce que les prophètes ont dit du
clergé de leur temps : « Les prêtres et les
prophètes, dit Isaïe, se sont souillés, et ils
ont corrompu tout le pays... Jérusalem sera
saccagée à cause de la prévarication de ses
prêtres... L'idolâtrie est dans le parvis du
temple... Vos sacrifices me dégoûtent et vos

fêtes me donnent des nausées... Je mettrai votre nez dans l'ordure de vos solennités. »

Dans l'Évangile, le Messie et son précurseur poursuivent les mauvais prêtres et les traitent de serpents, de vipères, de fils du Diable. Jésus accueille les païens, les publicains, les Samaritains ; il absout l'adultère et la femme publique ; mais, suivant le mot de saint Paul, « il garde ses colères et ses flétrissures pour les prêtres et les docteurs de la Loi».

Nous devons la correction à tout le monde ; c'est le quatrième commandement. Saint Thomas, le maître cher à Léon XIII, nous apprend que le laïque doit faire la leçon au mauvais prêtre « sans considération pour sa dignité ou sa vieillesse ». C'est ainsi que Daniel, enfant, réprimanda les vieillards de Babylone.

Dans un concile, présidé par Grégoire VII, le pape permit à un jeune homme de donner un démenti à l'évêque de Rome.

Quand le pape Benoît IX fit asseoir le libertinage sur la chaise de Pierre, les Romains le chassèrent de Rome.

Un bourgeois trouva sa femme dans les bras de Jean II, et cassa la tête au vicaire de Jésus-Christ, sans être inquiété.

Dès que le siège du souverain pontificat fut entouré d'honneurs extraordinaires, il devint le but des sacrilèges. Et les écrivains n'ont pas voulu taire les noms de trente et un antipapes qui, en dix-neuf siècles, ont assailli l'autorité divine du pontificat. Et les années, en coulant, justifient l'imprécation de saint Jérôme contre certain palais de la Ville éternelle, « sentine du monde qui fait consister sa gloire à ternir les réputations les plus pures et à souiller ce qui est immaculé ».

Les écrivains chrétiens ne furent, au reste, jamais indulgents à Rome, à celle des papes. Car il faut noter que trente ans de liberté et de gouvernement civil ont suffi pour transformer en fiers citoyens les anciens sujets des papes. Depuis que le peuple est à Rome maître absolu et réfléchi de sa conscience et de sa destinée, les anciens portraits sont devenus inexacts et infidèles, sauf dans le rayon ombré du Vatican. Saint Bernard, faiseur de papes, a laissé des prêtres romains un immortel portrait : « Ils sont fins pour faire le mal et ne savent pas faire le bien. Odieux au ciel et à la terre, impies envers Dieu, séditieux entre eux, jaloux de leurs voisins, inhumains envers les étrangers, ils n'aiment

personne et ne sont aimés de personne...
Imprudents pour demander, effrontés à
refuser; importuns et inquiets jusqu'à ce
qu'ils reçoivent et ingrats quand ils ont
reçu..., ingénument dissimulés et traîtres
avec la dernière malice, tels sont ces
hommes. »

Celui qui parlerait ainsi de la Curie moderne courrait à l' « Index » que saint Bernard évita, parce que l' « Index » n'existait
pas et parce que le moine avait assis sur le
trône de Pierre son frère-portier, Eugène III.

Saint Thomas Becket donnait la même confiance à cette cour que l'illustre fondateur de
Clairvaux : « Ce n'est pas la peine, écrivait-
il, de recourir à la cour romaine; elle est
composée de voleurs qui pillent tous les
malheureux sans distinction. » Guibert de
Nogent, après avoir raconté comment il
obtint de Pascal II la nomination de Gaudry
de Laon, termine ainsi son récit : « Les
cardinaux vinrent me féliciter de mon succès.
Grand Dieu! me féliciter de quoi? Ce n'était
pas à mon éloquence que s'adressaient les
compliments, mais à ma bourse. »

Saint Bonizo, martyr de son attachement
à l'Église, écrivait : « Il est impossible de

trouver à Rome un ecclésiastique qui ne
soit ou ignorant, ou concubinaire, ou simo-
niaque. » Et les exemples multipliés à l'infini pourraient montrer que les saints n'ont
pas craint de juger la papauté.

Pourquoi les écrivains d'aujourd'hui se-
raient-ils obligés de dire qu'un prêtre ma-
lencontreux, fût-il cardinal, est fleuri dans
toutes ses parties comme M. Fleurant, l'apothicaire, l'était dans les siennes?

LE DIVORCE CATHOLIQUE

De l'autre côté des Alpes blanches, parmi les fleurs roses de la campagne italienne, sous le ciel d'un bleu renouvelé par le premier printemps, il se joue une comédie, fine comme si elle était signée de Machiavel et qui restera sans doute inachevée comme la plus jolie pièce de Machiavel : c'est la comédie du divorce pieux.

Les papes ont tous lutté contre le divorce. Les phrases des pontifes ont une solennité blanche, une philosophie scolaire, déroulées pour voiler la vérité, cette nudité inconvenante.

Quand un pape parle du mariage indissoluble, il feint d'oublier que le divorce n'était admis dans aucun pays révolutionnaire, quand déjà l'Église, experte en hommes, le pratiquait sous le pseudonyme de *nullité*.

La supériorité sociale de l'annulation catholique sur le divorce hérétique, c'est que l'annulation a toujours été une institution aristocratique et rare, à la portée des rois et des riches.

L'Eglise admet vingt cas de nullité, multipliés à l'infini, et un bon avocat peut faire rentrer tout mariage dans un des cas à rallonges.

Le tribunal a prononcé depuis 1882 la nullité de vingt-huit mariages italiens, alors que la loi du pays maintenait la solidité de ces liens conjugaux.

On sait comment ont procédé les annulés italiens pour devenir libres civilement : ils ont quitté leur pays, changé de nationalité. Ils ont divorcé sur la terre étrangère. Puis ils sont revenus discrètement et la magistrature italienne, déchirant à belles mains la loi, a rendu exécutoires les arrêts de divorce prononcées en France ou ailleurs.

Cette complication charmante a eu d'heureux effets dans l'entourage même du pape, parmi les favoris de son élégante cour. La nièce d'un cardinal a profité récemment de cet expédient. Mais ces combinaisons respectent le principe. Et quand la cour de Rome a encaissé les bénéfices énormes de quelques annulations, elle peut continuer à proclamer en souriant que le mariage est une chaîne sans fin.

Au nom de la morale, l'adultère doit suffire aux couples désunis, telle est la loi catholique. Et je ne sais rien de plus immoral que l'annulation telle qu'elle est aujourd'hui pratiquée au fond de la Curie romaine. Laissons de côté les histoires d'argent, les commerces honteux, les intermédiaires sordides, les agents véreux, les promesses violées. Laissons ce qui n'est pas le trafic officiel. Reconnaissons que tout cela est invention, mensonge et calomnie : pas un cardinal n'est à vendre. La justice de l'Église est gratuite. La cause du pauvre passe avant la cause du riche. C'est entendu ! Ce qui n'empêche pas le divorce clandestin pratiqué dans Rome d'être plus immoral que le divorce civil, pratiqué en d'autres pays. Cette cour pontificale qui n'admet pas le divorce a quatre tribunaux chargés de le prononcer :

Le pape tout seul, ou avec le Saint-Office, pour les rois et les princes ;

Le tribunal du Concile, pour la foule vulgaire ;

Le tribunal de la Propagande, pour les pays dits de Mission ;

Enfin un seul juge désigné par le pape, dans certaines affaires délicates.

Le Code qui dirige ces juridictions variées est vague comme le brouillard du Tibre, incertain comme le flot de l'Adriatique.

Le Concile de Trente sert de base avec des variantes, des fantaisies, des improvisations que M. Périès a essayé de résumer en un Code, qui fait de ce savant docteur le Napoléon, le Portalis et le Consalvi de la nullité matrimoniale. Suivons ce maître : Les annulations de mariage, étant objets à bénéfices, doivent toutes venir à Rome. Les évêchés ne sont que les tribunaux de première instance et même en certains cas l'officialité fait simplement fonction de juge d'instruction. C'est la seule règle qui paraisse absolue :

« Les parties sont toujours libres de recourir au Saint-Siège, soit en appel, soit à l'origine du procès (art. 137). »

L'ancienne Église gallicane avait essayé de mettre un peu d'ordre en cette affaire. Elle admettait que « toute affaire jugée était affaire terminée ». Mais Rome a décidé que « jamais une cause de nullité ne passe à l'état de cause définitivement jugée ». Cela veut dire en bon français que le client est corvéable tant qu'il a de l'argent à la main.

Des vingt cas de nullité, on peut tirer une centaine de cas supplémentaires. Il y en a pour toutes les bourses : l'impuissance, le défaut de consentement, le rapt, les vœux, la disparité de culte, l'empêchement du lien, le crime, la parenté, l'affinité, la parenté spirituelle, le défaut de discrétion, la simulation, l'erreur sur la personne, la condition sociale, l'indignité. Et si dans cet arsenal de cas vous ne savez pas trouver un bon prétexte, il vous reste les nullités de forme, celles qui proviennent de quelque incident parmi le dédale du rite.

Le premier de tous les cas, l'impuissance, mène l'Église romaine depuis des siècles à des actes que toutes les justices civiles du monde pourraient attaquer. Les recueils de Sanchez, de Rosset et autres forment une bibliothèque d'immoralité violente et naïve. Mais les paroles ne sont pas graves ; car elles sont tamisées par le voile du latin. Les actes qui s'accomplissent en France donnent, au contraire, un bel ensemble d'attentats à la pudeur. Si l'on racontait dans un journal la procédure d'une nullité pour im-

puissance, on risquerait fort d'être poursuivi... et justement condamné.

Le *Code de procédure ecclésiastique* expose
gravement des théories à faire rougir le
grand eunuque noir. Saint Alphonse donne
un traité sur les opérations les plus délicates
et conclut : « Les époux doivent prendre
tous les moyens pour faire disparaître les
obstacles. »

Quelques exemples des questions posées
par les juges ecclésiastiques sont donnés
par le grave docteur Périès :

— Avez-vous passé ensemble la première
nuit de vos noces ?

— Comment,..

(Je ne peux continuer).

Après les questions, le tribunal passe aux
gestes.

Cela s'appelle l'*inspection des corps* : si le
mari est l'accusé, les experts sont au nombre
de cinq. Mais l'officialité de Paris, qui joue
avec le droit canon, se contente d'une paire
de médecins « choisis parmi les sommités ».
Il serait peut-être indiscret de rechercher
les noms des illustres morticoles qui se
prêtent à la comédie, moyennant un cachet.
Ici, je cite le *Code* : « Leur rôle consiste à

s'enquérir expérimentalement et avec toute
la décence convenable de l'état physique et
pathologique de l'époux. »

Le tribunal, composé de trois ou quatre
prêtres, doit se transporter dans la maison
où se fait l'examen et siéger dans une chambre
voisine de celle où les médecins opèrent.
Les juges de Paris, continuant à traiter le
Concile de Trente, Sanchez et le droit canon
par le mépris, ont remplacé cette séance par
le rapport écrit des médecins.

S'il s'agit de constater que la jeune femme
a droit encore au doux nom de mademoi-
selle, la procédure est différente : « L'inspection doit être faite par trois sages-femmes...»
(Impossible de citer plus loin).

D'ailleurs, en 1883, le Saint-Office a supprimé les sages-femmes et autorisé l'emploi
des médecins, sous la surveillance d'une
dame âgée, chrétienne et respectable. A
Paris, la dame est une religieuse augustine,
de la rue Oudinot, qui ne doit pas quitter un
seul instant la malade.

Il y a quelques années, la justice a arrêté,
jugé, condamné deux honnêtes médecins qui
avaient cru faire une opération licite et qui
s'étaient trompés... comme de simples

Maîtres. Les docteurs Boileux et de Laja-
rige ont été taxés d'infamie pour avoir été
des hommes faillibles. Mais la Justice ne
saisit pas au collet les apothicaires d'Académie qui vendent leur nom pour les gro-
tesques comédies de nullité matrimoniale!
Il paraît que les titres et les décorations
rendent ces morticoles invulnérables aux
coups de la loi et du ridicule. Car il faut être
membre de l'Académie de médecine pour
constater une nullité matrimoniale à Paris!

C'est ainsi que le droit canon, cette force
sublime, dégringole du sommet de la science
pour tomber dans le sadisme. Notez qu'on
n'ose plus appliquer la moitié des règles!
Pourquoi en garder les débris? Pour ne
pas reconnaître le divorce? Mais vous avez
cent cas religieux là où les lois civiles en re-
connaissent quatre ou cinq!

La parole du pape sur le divorce, si noble,
si pure soit-elle, reste annulée, effacée, par
le *Code* de procédure matrimoniale. Le divorce, c'est la crudité du phare qui éclaire
l'effondrement de la famille. L'annulation religieuse, c'est la veilleuse borgne qui cligne
derrière une fenêtre gothique, comme un
lampion, planté là, de nuit.

LE FLIRT DEVANT LE PAPE

Il faut ici dire des choses inconvenantes et qui pour être inconvenantes n'ont pas l'excuse d'être légères, car elles sont passées au gros tamis de la théologie et du droit canon.

Un évêque anglais a eu l'idée de poser la question que voici à la Sacrée Congrégation de l'Inquisition romaine et universelle, c'est-à-dire au Pape qui la préside :

—Le flirt, tel qu'il est pratiqué dans la société anglaise et dans les réunions mondaines du monde entier, doit-il être condamné ou toléré ? Convient-il de donner ou de refuser les sacrements aux personnes de l'un ou de l'autre sexe qui avouent avoir flirté, mais déclarent être dans l'intention de ne point cesser cet exercice, sous le prétexte de son innocence ?

Si Rome ne répondit pas à l'évêque anglais

et mit sa demande dans le panier qui sert de cercueil aux requêtes indiscrètes, il semble permis d'étudier la question.

Avant toutes choses, le pape qui avait quitté la diplomatie et s'était réfugié du monde à une époque où l'on ne flirtait pas encore, pouvait rester fort empêché pour définir ce plaisir moderne de l'amour impuissant.

Mais Pie X vient de la ville d'Italie où le flirt a les accents les plus graves. De sa gondole d'or il a plongé son regard bleu dans les gondoles noires où le flirt vénitien s'installe et se dénature. Il doit avoir une opinion neuve sur le débat.

Théoriquement le flirt est une conversation désintéressée sur les choses de l'amour entre un homme et une femme qui n'ont aucun but et qui n'éprouvent l'un pour l'autre que des sentiments de courtoisie admirative ou sympathique.

Théoriquement, toujours, le flirt est une promenade à deux au bord d'un précipice, Or, il est de vieille notoriété que la promenade sans danger au bord des précipices est le privilège des seuls mulets.

Mais la pratique est plus loin de la théorie que la pierre posée au bord de l'abîme n'est éloignée des profondeurs du gouffre.

Le flirt est d'ordinaire un masque pour les deux combattants ; c'est de l'amour en masque où les deux causeurs manquent de sincérité et ont un but secret, chacun croyant au désintéressement de son partenaire. S'il advient par hasard que le flirt soit sans but et sans issue, il ressemble à une belle avenue qui mènerait à une cabane ; s'il est un préliminaire, il devient perfide comme un joli sentier qui conduirait à un trou.

Les mystiques, s'il en est encore, pourraient être séduits par l'immatérialité du flirt. Mais l'amour du gars des champs pour la fille de la ferme est plus glorieusement immatériel que le flirt des habitués du salon le plus mauve, couleur de pensée. Le chatouillement des mots a sa cause et son but ailleurs que dans le cerveau. Les deux bouts des rubans qui sont les phrases se rejoignent on ne sait où dans le corps humain.

Pour les femmes sur qui l'âge et l'amour ont imprimé leurs effigies, la théorie du flirt a toujours un bénéficiaire matériel ; et les maturités qui coquettent dans les salons ressemblent à cette illustre grande dame qui avait deux amoureux : un poète, que le laurier de gloire et les pampres de l'automne couronnaient, servait de préparateur dans un boudoir aux tons les plus doux, tandis que dans une chambre, rouge comme un reflet d'incendie, un lieutenant de la garde fourbissait son épée. De ce double amour, dont le lieutenant n'avait peut-être pas la meilleure part, naquit un héros qui prépare dans les maisons de rendez-vous discrètes ses pieuses conférences sur le salut des mineures.

Le flirt est le plus dangereux pour les jeunes filles qui ont la fraîcheur de la fleur, qu'aucun doigt n'a meurtrie. Les raies sont plus apparentes sur les pétales du lis nitide que sur la feuille déjà dorée du chêne qui n'est plus vert. Le rêve envoie les arabesques d'ombre du bout de son aile, sur les fronts purs et les yeux encore clairs. La conversation d'amour marque, comme la grêle, les frêles plantes sur lesquelles elle tombe.

Pour l'homme, car Rome ne peut se désintéresser de l'homme, le flirt renferme comme la feuille de laurier-rose son propre poison : c'est l'amour sans grandeur, c'est la blessure sans épée, c'est l'ulcère sous le plastron brillant; c'est la goutte de sang entre des lèvres qui mentent. Après le flirt, le cœur reste béant et vide comme une plaie sans pansement. Cette causerie vague est la réduction d'une grande chose à la proportion des esprits petits, des cœurs ridés. Sous le passage de ce souffle glacé les immensités de l'amour qui se projettent au loin, comme les vagues d'une mer infinie, ces immensités tournent en tempête de cuvette.

Au reste, le flirt n'est pas un inconnu dans le monde chrétien; c'est une étiquette nouvelle placée sur un vieux flacon. Il existait sous un autre nom dans la société pharisienne quand la morale de Jésus-Christ envoya sa lanière sur les vices fardés des putréfiés. Et les pharisiens, censeurs austères et hypocrites, firent à Jésus un crime de sa divine franchise. Et Jésus leur répondit en se laissant parfumer par la pécheresse comme par Marie, sœur de Lazare.

Et l'Église primitive continua, tant qu'elle ne fut pas brisée, la tradition de Jésus. Elle approuva, contre le droit romain, toute conjonction de l'homme et de la femme, pourvu qu'elle fût unique et perpétuelle.

Le concile de Tolède, pour éviter les errances de l'amour, et les anciens canons nous disent que le concubinage même doit être toléré :

« Celui qui n'a pas d'épouse, mais à la place d'épouse garde une concubine près de lui, ne doit pas être chassé de la communion des fidèles, pourvu qu'il s'en tienne à une seule femme » (C. Is qui dist. 34. Mgr André, II, p. 516).

Puis la théorie de l'Église a bifurqué comme les pieds du Diable. Le concile de Trente a fait tout un règlement contre l'amour. Avec un appareil qui rappelle celui des huissiers d'un Sénat, les évêques doivent, mitre en tête, crosse en main, aller au domicile des concubinaires et les avertir trois fois de quitter leur conduite et leur maîtresse sous peine d'excommunication. Cela se se pratique peu aujourd'hui, car les évêques se fatigueraient à ces tournées pastorales d'un ancien genre. Cependant, sous le second Empire, un prélat fit la petite cérémonie à la porte d'une sous-préfecture où un jeune fonctionnaire ne manifestait pas assez l'esprit de solitude.

Nous voilà loin de ce que le moyen âge chrétien tolérait avec la douceur de la pureté, en remplaçant le vilain mot de « concubine » par le délicieux euphémisme de « sous-introduite ».

Nul doute que les Pères de la congrégation, toujours appuyés sur l'histoire, ne se remémorent le grand passé, avant de rendre leur jugement. Ils verront alors que le flirt est un plaisir bon seulement pour les cœurs qui absorbent, comme des sables arides, les flots de lumière et de larmes qui y tombent. Ils comprendront que, pour la femme, le luxe de la force et du repos reste ruiné par ce mensonge d'amour. Ils comprendront que, pour l'homme, la conversation stérile n'est jamais qu'une réverbération de l'invisible foyer allumé au fond du cœur ou ailleurs. Et les Pères, paternellement sages, répondront à l'évêque très anglais qui les a questionnés : Le flirt ne peut pas être toléré parce que c'est un voile jeté sur le firmament d'amour.

Ce disant, ils parleront plus noblement, mais pas plus justement que cet illustre maréchal de France qui disait à ses aides de camp en leur montrant sa très jeune femme : « Pincez-lui la taille ; elle saura bien se défendre. Mais ne lui pincez pas de la guitare. Je saurais mal parer le coup. »

L'AMOUR SANS BUT ET L'ÉGLISE

L'Église romaine ne souffre-t-elle les gestes d'amour, même dans le mariage, que pour un seul but : la reproduction ?

L'Église ne permet-elle pas le plaisir pour le plaisir, la passion pour la passion, lorsqu'elle a posé sur deux fronts penchés sous la loi, les grâces à facettes d'un sacrement ?

C'est une erreur commune que de croire à la sévérité de l'Église en ces moments où l'âme décrit sur le corps des courbes qui échappent au calcul de la raison.

Il est vrai que, succédant à la société païenne, l'Église a dû, pendant les premiers siècles de sa vie, réagir contre un monde qui avait divinisé la passion sans but sous le nom de Vénus et se livrait à la joie des tableaux vivants dans le temple, sous prétexte de cérémonies religieuses.

De là les sévérités que la réaction imposait aux catholiques. De là ces éloges de la virginité et de la chasteté où Tertullien porte la splendeur de l'impudicité sur les ailes de feu d'une phrase incandescente.

De là le paradoxe charmant de saint Ambroise, s'efforçant à prouver que la multitude des vierges vouées à la solitude ne diminue jamais la progression du repeuplement, au contraire.

De là les féroces décisions du concile de Jérusalem, qui interdit, en un mépris égal, l'usage du sang, des viandes suffoquées et de la fornication.

Puis, la chasteté, la virginité et la pudeur, ayant donné leur fleur, deviennent des tiges pâles et sans arome qui tombent dans la poussière du soir pour être foulées au matin par le passant.

Manès, personnage imprévu d'intérêt, soutient que l'homme n'est pas l'ouvrage de Dieu, puisqu'il est le produit de l'intempérance de la passion et des stupres honteux. Et les « Élus » de cette secte renoncent au mariage et à la reproduction, pour se livrer pieusement à l'impudicité comme au rite d'un culte renouvelé. Ceux-là, ne voient plus le

Jésus de Nazareth qu'à travers le voile flottant et doré de la Madeleine pardonnée, et l'Église leur apparaît comme un grand lit de combat.

En même temps, l'élan mystique souffle avec une haleine d'ouragan et passe sur la société chrétienne de telle sorte que les fils et les filles menacent de quitter les sentes de l'amour humain pour la voie pure mais stérile de l'amour divin.

L'Église qui n'est plus à la tête de l'opposition, mais au front du pouvoir, l'Église, qui n'est plus la révolte, mais le gouvernement du monde, se préoccupe alors d'encourager la passion et de tendre aux couples tous les lacets où le germe peut être pris pour sortir créature vivante et palpitante.

Et la discipline se fixe : le mariage reste la forme officielle et solitaire de l'amour, mais dans le mariage tout ou presque tout devient permis, tout ce qui n'est pas contre la loi de nature.

L'Église romaine, victorieuse du paganisme ; l'Église, triomphante désormais, devient la brebis que mène par le ruban de la nécessité le petit Triomphateur.

L'impératrice Catherine II voulut un jour

être battue par son amant.; l'Église voulut
être vaincue par l'Amour. Et ces deux puis-
sances, la femme et l'institution, égales, puisqu'elles n'avaient rien en ce monde au-dessus
d'elles, ne sont pas poussées par des caprices
d'impératrices blasées. Elles trouvent toutes
deux un plaisir inusité à tomber à genoux
dans leurs théories altières et à se traîner à
plat cœur devant la force qu'elles n'ont pu
vaincre.

Les jouissances enivrantes du sacrifice
mystique ont préparé l'Église à toutes les
indulgences : ainsi l'eau la plus calme ondule
parfois sous l'ongle de l'oiseau qui la rase de
trop près, volant le long.de sa surface unie.
A ce petit lac immobile qui est l'amour mystique un élan nouveau vient donner le coup
de patte de la mésange. Et l'Église traverse
l'heure où, pour réveiller les sens endormis,
elle donne des spectacles lascifs au sommet
de ses jubés.

La fin première du mariage reste la procréation des enfants; mais un second but est
officiellement admis : le mariage est le remède ou plus exactement la soupape de
sûreté de la concupiscence et des vices soli-
taires. Les théologiens sont unanimes; il

n'est pas permis de lutter contre la fin première, et il est défendu de considérer l'enfant comme une embuscade cachée dans les marais ; mais il n'y a aucune faute à oublier cette solennelle issue.

Et l'Église étaye sa doctrine sur des pilotis de faits. Elle permet le mariage des vieillards incapables à concevoir. L'amour n'est plus interdit aux brumes mélancoliques des soirs les plus avancés. L'hymen peut légalement allumer son flambeau à l'heure où les dômes de bronze perdent leur rigidité pour s'enfoncer dans les brouillards des nuits. L'homme vaillant de sa virilité peut épouser une femme « finie ». Et l'on sait que les femmes finies sont souvent comme les grenadiers de la bataille d'Eylau, qui restaient dans le rang même morts.

L'Église se montre ainsi miséricordieuse pour ceux ou celles en qui l'amour retentit plus fort dans les derniers jours, comme une pierre lancée dans un puits sonne plus lourdement quand le puits est plus profond.

A côté des ardeurs brûlantes des étés éteints et sanglants, l'Église voit les confuses aurores qui se lèvent en souriant, et elle ne peut interdire à l'extrême jeunesse de mettre

comme la vieillesse sa raison dans la folie
d'aimer.

L'amour se compose de tant de choses dans
nos âmes et dans nos corps qu'on peut en
admirer la merveilleuse trame sans oser
analyser les soies dont elle est tissée.
L'Église, indulgente aux vieillards dor les
mains s'attardent, garde un sourire pour la
méprise des mains impatientées et qui
cherchent un clavier. Elle sait jusqu'à quel
point l'infini des jeunes pensées soulève les
seins qui commencent à respirer et elle
n'interdit pas l'usage de l'amour au temps
des grossesses.

Le 16 juin 1880, un décret de la Sacrée
Pénitencerie dit exactement :

« Afin que les époux qui craignent une
trop nombreuse postérité ne tombent dans
l'horreur des vices contre nature, le confesseur peut leur recommander prudemment
de n'user des avantages du mariage qu'aux
moment où tout espoir de génération est
écarté. »

Au reste, en ces affaires, la responsabilité
de l'homme reste absolue : celle de la femme
est presque nulle. Les Pères répètent un peu
partout que la femme doit mettre le plus

grand empressement à se prêter aux désirs du mari, laissant ainsi au plus fort l'odieux comme le charme des décisions les plus fortes. La femme est alors, aux regards de l'Église, l'urne précieuse et profonde qui reçoit le parfum dans ses formes d'albâtre. Seule, est responsable de ce parfum la main qui le verse.

Et l'Église va plus loin encore. Elle permet le mariage de l'homme à quatorze ans, de la femme à douze ans, et elle ajoute, avec son immuable autorité :

« Le mariage pourra même être permis plus tôt, avec dispense, si la malice supplée à l'âge. »

Ainsi l'Église, qui a donné à ses anges des bouches voluptueuses, dont les ardents contours semblent faits pour troubler la sérénité mélodieuses des vierges asexuées, cette même Église autorise le mariage des enfants qui ne sont pas nubiles. Elle montre ainsi, elle, la sublime émanée de Dieu, que les caractères dévorants des passions ne lui font aucune peur, soit que les vibrations stériles se retrouvent dans les cordes d'un instrument détendu, soit que l'abeille repose encore dans le berceau de pourpre d'une rose non éclose.

Enfin, l'Église, descendant la blancheur de son aile jusqu'à la bourbe où nous sommes, s'est occupée récemment de la situation des époux qui, dans l'intérêt de l'avenir, ont le devoir supérieur de ne pas avoir d'enfants.

La maternité active dans leur marche toutes les affections du cœur, et la maladie héréditaire se retrouve frappée sur l'enfant comme le coin sur la médaille. L'épilepsie se reproduit de même, avec une précision dont le rythme est mathématique. On n'ose pas prononcer le nom de l'hystérie, parce que, si l'on voulait empêcher la reproduction de cette maladie, on devrait interdire la maternité à toutes les femmes modernes. Mais le cancer et l'hérédité de son gouffre puant, purulent, restent une menace sur les enfants de tant d'unions légitimes ! Mais la syphilis se reproduit en petites branches aux pieds de tous les arbres généalogiques de la bourgeoisie ! En face de ces maux, l'Église plus courageuse que la loi civile, dira-t-elle ?

— Mariez-vous, mais usez du mariage avec les précautions que saint Paul comparait aux mouvements du mulet.

On ne le sait pas encore, car la question n'a pas été posée à l'autorité romaine sur

ces maladies honteuses dont on ne voit pas
le bout dans la société moderne.

En attendant, Rome a établi que l'acte
d'amour, ne suppose pas nécessairement la
procréation d'un enfant et qu'il peut être,
pour les soifs trop ardentes, comme un verre
d'eau de la rosée du ciel, donné au nom d'un
Dieu miséricordieux.

LA JALOUSIE EST-ELLE PERMISE?

Il est peu probable que les journaux soient très utiles à l'historien futur du temps présent, pour la politique. Le pauvre homme se noiera dans des flots d'opinions. Mais pour l'histoire des mœurs et de la société, la troisième page des quotidiens sera l'inépuisable mine d'où il faudra extraire les cailloux mêlés à des caillots.

Le fait divers! voilà ce qui restera des feuilles jaunies. Le reste sera de la rhétorique fanée, de la polémique sans objet. Mais il faudra relire les nouvelles de la rue; car elles feront l'histoire, après avoir nourri le roman.

De méchants esprits ont prétendu qu'en attendant l'honneur d'être des documents, au fond des bibliothèques, les faits divers servaient d'alphabet aux étudiants du crime et que les coups racontés préparaient les coups à faire.

Napoléon ne craignait pas cela, le jour où il disait à M. de Talleyrand :

— Je voudrais que la presse ne s'occupât plus que des accidents, des crimes et des variétés de la ville.

A quoi M. de Talleyrand répondit :

— Et encore, sire, faudrait-il que les journaux ne s'occupassent pas des gestes de M. de Cambacérès.

Dans le monde des faiseurs de lois on avait espéré que le divorce, installé au seuil de la mairie, empêcherait les crimes passionnels.

— Pourquoi tuer celui ou celle qu'il est possible de quitter ?

Parce que le meurtre passionnel n'est jamais commis par amour ou par haine, parce que la jalousie qui tue n'est pas celle du cœur. C'est la vanité qui arme la petite main gantée ; c'est l'orgueil qui met le revolver dans la grosse patte du mâle.

Le divorce n'a pas réussi comme calmant. Certes, on n'est pas lié pour la vie à l'être qui a trahi ; mais celui qui a été trompé en garde tout le ridicule, ce ridicule que le sang paraît seul couvrir de sa tache rouge.

Il est charmant et féroce comme un stylet

ciselé, ce mot d'une jeune fille très moderne
à qui l'on proposait, en forme de mari, un
homme divorcé :

— Volontiers, dit-elle, pourvu qu'il n'ait
pas obtenu le divorce à son profit !

Elle voulait bien accepter un mari léger et
coupable; mais elle refusait le mari d'une
femme coupable.

La loi ainsi comprise fait de la femme une
meretrix antique, sans faire de l'homme un
objet moins ridicule.

La femme qui aime et qui n'est plus aimée
n'a pas tout le mérite que l'on croit, à montrer du calme et de la dignité. Elle n'est
jamais ridicule. Le rôle de victime sied à sa
faiblesse. Abandonnée, elle prend ce charme
presque virginal des fleurs ouvertes que
leur propriétaire ne vient plus respirer,
mais sur lesquelles l'œil du passant s'arrête,
admiratif encore de la fraîcheur conservée.
La femme n'a qu'une arme pour être pro-
tégée dans le mariage : c'est l'adultère. Le
mari la trompe, la vole, la bat même. La loi
est avec lui. La loi sourit bêtement, protec-
trice des petits crimes.

Mais que la femme sorte son arme perfide,
— pourvu qu'elle trouve un complice avec

qui l'aiguiser, — et la voilà vengée de tout, par le ridicule immense qui tombe sur le mari et l'enveloppe comme une coulée de plomb !

Quatre-vingts fois sur cent, le mari, quand il est trompé, a cessé d'aimer sa femme. Il a cessé même de donner les preuves légales et coutumières de l'amour que la loi appelle : le devoir conjugal.

S'il se venge, s'il tue, son crime n'est pas le passionnel mouvement, mais l'égoïste vengeance. Il pense à son avenir. Il pense du rire du concierge, des domestiques, des camarades. Il pense que jamais il ne pourra lire un roman, voir une comédie sans retrouver l'analyse de son cas.

Il veut échapper au ridicule par l'arc de triomphe que le jury dresse en l'honneur des assassins par amour. Et il tue.

Son crime plaît, parce qu'aux yeux des badauds il est le résultat d'une rareté effrayante, belle à force d'impétuosité, de profondeur et de flamme.

Le jury, qui est la quintessence de l'opinion publique servie dans un flacon solennel et sous étiquette officielle, a la même opinion que la foule, et il acquitte.

Si le mari est l'assassin, le juré se montre indulgent par crainte égoïste. Il se met en son particulier à la place de l'autre. Il se dit : « La même mésaventure peut m'arriver. » Et il se prépare un précédent.

Si le mari est la victime, s'il s'agit d'un amant assassin, le jury a des raisons plus profondes pour être indulgent.

On a remarqué que les jurés les plus mariés et les plus mal en ménage sont les plus enclins au pardon judiciaire, à l'acquittement de l'amant. Ils ne veulent pas paraître savoir qu'ils sont ce qu'ils sont. Ils font les fanfarons pour ne pas avoir l'air d'être des maris.

Le mariage est si discrédité en Europe que, sans motif, dans la plus banale des rencontres, le bon bourgeois qui est marié jusqu'à la pointe des cheveux affirme qu'il est célibataire. Il était, autrefois, ridicule d'être ce que fut Molière. Il devient grotesque d'être mari, avant d'être marri.

Il n'y a qu'une chose au monde qui dépasse l'imbécilité du jury en face du crime passionnel, qu'il serait plus juste d'appeler crime orgueilleux. Cette cause vient de l'article 324 du Code pénal, un article qui ne passerait pas au Parlement des sauvages, les plus sauvages :

« Le meurtre commis par l'époux sur son épouse, ainsi que sur le complice, à l'instant où il les surprend en flagrant délit dans la maison conjugale, est excusable. »

Ces lignes barbares, hérissées comme les grilles d'un sérail d'Orient, est en contradiction avec la loi de nature, avec la loi de charité promulguée dans le cri du Nazaréen sur la croix douloureuse.

Elle dit au mari : « Tu peux frapper à mort ta femme et son complice, ou l'un des deux, sans hésitation, pour une faute qui n'est peut-être qu'une faiblesse, pour un crime dont tu es peut-être la cause. Ce foyer que tu trouves sacré quand tes droits y sont atteints, tu l'as peut-être souillé en jouant avec la femme de chambre, avec la bonne anglaise, avec une amie de passage, tandis que ta femme était à la mer et que tu venais là, entre deux trains, dans ce sanctuaire de l'acajou plaqué, du simili laqué et du faux amour conjugal.

» Tue, mon ami, et demain tu seras un héros, tandis que si tranquillement tu t'en vas sans mot dire, tu seras grotesque. »

Et cette loi qui parle une telle langue au

mari se tourne vers la femme et met sous le nez de la pauvrette le joli texte de l'article 339 :

« Le mari qui aura entretenu une concubine dans la maison conjugale, et qui aura été convaincu, sur la plainte de sa femme, sera puni d'une amende de cent francs à deux mille francs. »

Cent francs ! C'est moins cher que le plaisir acheté dans une maison de premier ordre. Il faut, de plus, que la femme ait le temps de porter plainte, de recueillir des témoignages. Il faut qu'elle ait de l'argent en mains. Or, d'après la loi française, une femme, quelle que soit sa dot ou sa fortune personnelle, peut être laissée sans un sol par le mari déguisé en chef de la communauté.

La grossièreté, la sauvagerie de telles lois suffiraient à excuser la femme, coquinement honnête, celle qui règle le combat de façon à être la maîtresse de son mari, la femme de son amant, ce qui est la forme la plus moderne de l'adultère.

Comment voulez-vous que le jury, ce myope d'intelligence, n'excuse pas le mari assassin quand il voit tous les jours appliquer par les vrais juges l'article 339 ?

Cet article est un nid à vaudevilles :

« La femme convaincue d'adultère subira la peine de l'emprisonnement pendant trois mois au moins, ou deux ans au plus. Le mari restera le maître d'arrêter l'effet de cette condamnation, en consentant à reprendre sa femme. »

Ainsi, la loi permet à monsieur l'époux, outragé dans son orgueil professionnel, de faire changer le supplice de la femme adultère : la prison ou le lit conjugal. Je sais des femmes qui préfèrent la prison, et elles n'ont pas tort.

N'est-ce pas le dernier mot de l'immoralité, que cette loi qui prélève un petit impôt sur le méfait du mari et qui accable la faiblesse de la femme ?

La lâcheté d'une part, la férocité de l'autre, c'est l'image tout imprimée sur les deux faces de l'âme du bon juré qui applique l'article 324, en sérénité de serin.

Une pétition fort bien faite avait été présentée au Parlement, pour demander l'abolition de cet article fou. Elle a été examinée, par hasard, et rejetée à l'unanimité.

Le jury de la Seine et même de la province peut donc continuer à étendre sa main

3.

de bénisseur sur les tueurs de femmes, et, par contre-coup, sur les amants de femmes très légères. Ce faisant, le jury a deux innocences : celle de sa propre faiblesse et celle qu'il tire de la complicité du texte légal. Dans les causes spéciales, le jury ne vaut pas mieux que dans les affaires passionnelles. Il est mal préparé aux discussions scientifiques des experts. Il noie sa très honnête conscience dans un océan de petits faits.

Il faut un long apprentissage pour être connaisseur en crimes.

Toute cette vase de sang et de larmes qui s'est répandue hier, qui s'étalera demain, c'est le fait divers, tant qu'elle n'est pas séchée. Ce sera l'histoire du vingtième siècle, quand elle aura passé par l'alambic du penseur. Cela devient l'erreur judiciaire quand le jury se laisse impressionner par la voix publique, quand il ne donne que l'écho des cris de la rue.

CASSE-TÊTE MATRIMONIAL

Toute l'Angleterre est agitée d'un frisson théologique et amoureux. Car le Parlement a modifié une des plus vieilles coutumes du Royaume-Uni.

Les sujets du roi Édouard ne pouvaient épouser la sœur de leur femme, — même quand la femme était morte. Mais une de ces revues anglaises qui ont la précision des rapports secrets de la police imagina de publier la statistique des veufs que cette loi obligeait à vivre en état de concubinage incestueux. Cette statistique effaroucha les pudeurs législatives, et quelques milliers de veufs purent épouser quelques milliers de jeunes filles, leurs ex-belles-sœurs.

Dans une société qui est mûre et d'une saveur compliquée, le mariage entre beau-frère et belle-sœur donne une impression vive de chose déjà vue, de bonheur recommencé, de second exemplaire trop semblable au premier. Si le portrait de la morte accroché à la glace de la cheminée ressemble au profil de la vivante placée dans la calme atmosphère de la chambre nuptiale, cela choque la bienséance, cette loi suprême des civilisations vieillies.

Un homme d'État espagnol à qui on demandait sa pensée sur le divorce, répondit avec un bel éclat :

— L'adoultère siouffit !

Les Anglais disent au contraire :

— L'inceste ne suffit pas. Il faut le mettre sous le sceau de la légitimité.

L'histoire des empêchements de parenté ou d'affinité dans le mariage serait presque l'histoire du monde. Si nous admettons ce couple initial d'Adam et Ève, il faut croire que nous sortons tous des plus notoires incestes : les frères et les sœurs durent se marier entre eux, à moins qu'Adam ne devînt le père de ses petits enfants ou qu'Ève... Mais le spectacle se continue sans nécessité dans Israël, et l'on voit là, jusqu'au christianisme, des unions qui font dans certains ménages patriarcaux des échelles de Jacob à plusieurs évolutions.

Le catholicisme mit de l'ordre à ces détails. Il est curieux de noter que les lois récemment établies de l'hérédité, que les problèmes résolus d'hygiène matrimoniale concordent avec les règlements établis par l'Église depuis des siècles.

Un principe domine : le parent de mon allié n'est pas mon allié. Deux frères peuvent épouser les deux sœurs. Le père et le fils peuvent épouser la mère et la fille. Sous le second Empire, il y avait aux Tuileries deux ménages pittoresques : Mme X..., veuve, avait une fille, Marie. M. de Z..., non moins veuf, avait un fils, Victor. Or, il advint que le vieux veuf épousa Mlle Marie et que la veuve épousa le jeune Victor. Les deux ménages accomplirent une course rapide, mais heureuse. Le vieillard mourut; la vieille dame en fit autant. Je ne continue pas cette histoire en forme de casse-tête parisien. Mais au Bois vous pouvez voir, dans un vaste landau, les deux débris survivants. Ils se consolent entre eux, dit-on, mais ne sont pas mariés. La morale s'y oppose.

Le mariage religieux est interdit entre le mari et les parentes de son épouse, entre l'épouse et les parents du mari, dans l'ordre légitime.

Mais, en France, le mariage est une institution civile, par surcroît. Et, ici, comme en beaucoup d'occurrences, le code Napoléon ne va pas du même train que le droit ecclésiastique.

L'article 162, disait :

« Le mariage est prohibé entre le beau-frère et la belle-sœur. »

Un des premiers soins du bon roi Louis-Philippe fut de changer tout cela : une loi du 16 avril 1822 donna au roi la faculté d'accorder les dispenses entre alliés.

Aujourd'hui, en droit civil, l'affinité (ou parenté légale) cesse quand la personne qui l'occasionnait meurt ; le monde est peuplé de beaux-frères qui ont épousé leurs belles-sœurs.

Un père remarié vient à mourir, sa veuve peut épouser le fils du premier lit. Ah ! qu'on fait de beaux lits avec des cercueils !

Le Code civil ne s'occupe que des parentés reconnues, des affinités légitimes ou légitimées. Mais l'Église, qui a des confessionnaux où enfermer tous les mystères, l'Église sonde les consciences et scrute les cœurs. Elle fait comme le vieux marquis de C... C..., qui avait pendant soixante années de vie mondaine noté les adultères probables et dressé une table des naissances concordantes, pour le faubourg Saint-Germain dont il était. Ce même gentilhomme marquait un jour sur l'annuaire de son cercle les noms de tous les maris malheureux.

Passe un général, illustre par ses succès militaires et ses infortunes conjugales :

— Que faites-vous, mon cher, demande le soldat ?

— Je dresse la liste de mes amis.

— J'espère bien que vous ne m'oubliez pas, fait le général avec émotion. Et il passe.

L'Église ressemble au marquis de C... C...: elle note les adultères et déclare que l'affinité, empêchant le mariage, peut provenir d'un commerce illégitime. Un homme ne peut pas épouser la fille de sa maîtresse. Si le mariage est fait, quand le crime est découvert, l'annulation doit être prononcée.

Au premier degré d'affinité, le mariage est impossible, de droit naturel. Benoît XIV a proclamé qu'aucun pape ne peut donner la dispense.

Mais, si l'affinité vient d'un commerce illégitime, elle est un empêchement d'ordre ecclésiastique dont les papes peuvent relever.

Léon XIII avait permis ainsi le mariage d'un très haut personnage, et aucun mariage précédent n'indiquait la nécessité d'une dispense.

En ligne collatérale, tous les empêchements d'affinité sont d'ailleurs motifs à dispenses, obligatoires et coûteuses.

La plus curieuse des exemptions matrimoniales a certainement été accordée par Innocent III.

Un haut seigneur de France était uni par les liens solides et charmants à la sœur de sa femme. La femme se plaignit à Rome. Le pape, pour donner satisfaction à l'épouse outragée, fit interdiction au mari d'user de sa femme. Mais le perdant fut satisfait et la gagnante très irritée. Le bon pape rendit alors une bulle publiée un peu partout, où il est dit « que la femme légitime ne doit pas être privée de son droit par le crime du mari ». Et le haut seigneur fut condamné par le pape à refaire ce qu'il avait d'abord été condamné à ne plus faire.

M. de Talleyrand, qui savait sa théologie, songeait, sans doute, à ce décret quand il fut prié par le roi de quitter sa femme au moment même où M. de Châteaubriand était requis de reprendre la sienne :

— Singulière chose que la morale, dit
l'ancien évêque d'Autun ; elle oblige un
homme à répudier une femme qu'il aime et
un autre homme à reprendre une épouse
qu'il ne peut souffrir !

A côté de grandes sévérités, en matière de
mariage, l'Église a des libertés exquises que
la rudesse du Code civil ignore : c'est ainsi
qu'aucune affinité n'est produite par le mariage non consommé. Le Code civil est plus
brutal — ou plus pudibond. Il ne franchit pas
le seuil de la mairie. Tout mariage est bon,
qui a été paraphé par M. le Maire.

L'Église a créé des obstacles peu connus,
ceux qui viennent de la parenté spirituelle :
ainsi le confesseur est père spirituel de sa
pénitente. S'il a un geste d'oubli, il ne connaît
pas le simple *peccato di luxuria*. Il accomplit
le véritable et criminel inceste.

Les parentés spirituelles les plus fréquentes
sortent du baptême : une fille ne peut pas
épouser son parrain. Le parrain ne peut pas
épouser la mère de l'enfant qu'il a tenu sur
les fonts baptismaux.

Comme le baptême peut être donné par le
premier laïque venu et que le *baptiseur* ne
peut pas épouser la mère du baptisé, il arrive

des incidents curieux : un père baptise son
enfant en danger de mort. Le voilà en affinité
avec sa propre femme. Pour refaire le lit
conjugal bouleversé, il faut une dispense de
Rome. Et les dispenses de Rome ne sont pas
gratuites. Elles forment un élégant tarif où
l'imprévu laisse des pages blanches et des
poches vides.

LE DEVOIR CONJUGAL
EN DROIT CIVIL ET DROIT CANON

Allez dans la salle des Pas-Perdus du Palais de Justice, à Paris. Au milieu de ce noble désert bâille une porte surmontée de ce titre en cimier : *Référés*.

Ici se rend la justice pour les gens pressés. Un magistrat juge là deux cent cinquante cas dans l'après-midi ; et la propriété, la morale, la famille, tout ce que le président Cartier appelait des balançoires sont mis en jeu. Jeu rapide, car chaque décision ne doit pas demander une minute, pas soixante secondes !

Ce qui est le plus admirable, c'est que l'habitude donne la perfection. Un bon juge de référés se trompe rarement, et ses décisions électriques sont d'ordinaire confirmées par les juridictions supérieures, majestueuses et lentes.

La salle parisienne des référés, qui ne chôme jamais, est le microscome où se voient les souffrances, les vanités, les humiliations, les violences, les fourberies, les mensonges, les compromissions qui, pétries et battues ensemble, forment le solide béton de la vie.

Dans ce sanctuaire moderne, le juge a jugé sur le droit marital, un cas rare.

Souvent, le mari, armé du Code, demande au tribunal que la force armée l'aide à faire rentrer au domicile conjugal la femme envolée.

Jusqu'en 1890, on ne refusait jamais à l'époux l'aide du gendarme pour qu'il pût exercer son droit le plus doux. En province, rien n'a été modifié. Mais, à Paris, depuis quelques années, les juges ont pris le parti de ne plus prêter main-forte au droit du mari.

Le cas jugé en référé parisien est plus rare : il s'agit d'une femme qui veut forcer son mari à la recevoir et qui demande l'autorisation d'employer la force armée pour rentrer au domicile.

Le mari — un médecin — refuse avec l'énergie du désespoir cette invasion. Il offre des pensions alimentaires. Il brandit un billet de mille francs, pour mieux marquer sa bonne

volonté, mais il tient à rester le passager solitaire de la nef conjugale.

Le juge a donné gain de cause au vieux
droit. Mme X..., flanquée de deux gendarmes,
s'est présentée chez son mari. L'autre a été
contraint de la recevoir.

Puis... les gendarmes se sont retirés à
grand bruit de bottes, avec le sourire au bout
des gants. La porte s'est fermée sur le couple,
et personne de nous ne sait ce qui advint.

Si la femme est méchante (on dit qu'il est
des femmes méchantes), elle pourra faire
passer de tristes heures au récalcitrant mari.
Elle pourra troubler la consultation et dé-
placer les instruments de chirurgie. Elle
pourra brouiller les fioles et mêler les
poudres. Elle pourra rendre tout à fait ridicule celui qui avait au moins le calme de la
solitude.

Si le mari, qui doit être débonnaire, perd
patience, si, dans un moment de colère
comme, seuls, en ont les êtres faibles, il tue
sa femme, ce sera le scandale de la cour
d'assises.

Et l'on se demande ce que les jurés feront
de cet assassin, déjà condamné par le juge
des référés à l'avant-dernier supplice : celui

de vivre en tête à tête avec une femme dé-
testée.

Ils acquitteront, les bénévoles jurés, et
nous aurons un crime passionnel de plus
dans ce Paris qui manque de passions.

Telle est la conséquence extrême, mais
logique, de cette loi folle qui permet la réin-
tégration au domicile conjugal, par la force
armée.

Les juges sont obligés d'appliquer ce remède dangereux et de risquer ainsi mort
d'homme. S'ils n'exécutent pas la lettre de la
loi, ils sont coupables professionnellement
et manquent au devoir étroit de leur charge.

Physiologiquement, métaphysiquement et
socialement, l'ensemble des lois sur le mariage apparaît tout enflé d'un immense ridicule. Ces dispositions furent prises à d'autres
époques, pour d'autres mœurs. L'idée d'in-
dissolubilité se traîne comme un spectre
derrière les textes et les paragraphes. Puis,
au bout, apparaît le divorce inattendu.

Il fait là, ce pauvre et honteux divorce,
l'effet d'une petite lucarne en fonte, style
moderne de banlieue parisienne, plantée
entre les créneaux d'une forteresse gothique.

Le domicile conjugal, le devoir conjugal,

tout cela sent les oubliettes et les *in pace*, tout cela respire le moisi de perpétuité sacristine.

Quelle est la limite extrême de l'aide que doit prêter, en cette affaire, la force armée ?

La femme peut appeler les gendarmes pour arriver jusqu'au lit du mari. Car le lit est le vrai domicile conjugal, le champ du devoir suprême. Voyez la scène : elle est ridicule et le Joseph de la Bible devient un héros de courage à côté du moderne époux qui se défend contre l'invasion de sa moitié légale.

Mais la scène change : ce n'est plus une femme, en mal de vengeance, qui veut faire, par la force, le siège de l'amour. C'est le mari qui contraint sa femme à revenir. Les deux représentants de la force portent la malheureuse et l'abandonnent au seuil de la chambre. Le moins qui puisse arriver, c'est le viol légal, le plus sordide des viols, parce qu'il couvre d'un masque d'honnêteté l'acte le plus déshonnête du monde.

Une loi qui aboutit à une comédie ou à un drame est une mauvaise loi. Il semble ainsi que la société donne sa démission de toutes les libertés, et que le progrès nous mène à une sorte d'esclavage des idées, plus criminel que l'esclavage des personnes. Car le maître avait souvent une âme, tandis que les lois n'en ont jamais. Elles vont le long de la vie sans savoir si elles marchent sur la grande route libre ou sur des corps de femmes, d'enfants, de faibles êtres couchés au milieu du chemin.

Sous les lois du devoir conjugal et du domicile conjugal forcés, c'est le mariage qui reste écrasé. La poésie de soi-même, cette poésie dont la femme française est à la fois le poète et le poème, n'est plus qu'un vain souvenir si la force, chassée du bagne, intervient dans le mariage.

De liberté en libéralisme, nous tombons dans un socialisme d'État qui veut avoir autorité sur tout, même sur la manière de faire les enfants.

Il roule dans les esprits deux idées contraires qui, comme deux billes dans un tube, se rencontrent et s'usent en leur passage : la liberté use l'égalité et l'égalité diminue la liberté.

A force de chercher à concilier dans les textes ces deux inconciliables, les législateurs font des monstres de lois : ce qui était autrefois, au temps du mariage indissoluble, un moyen de réconciliation, devient un moyen de discorde. L'un des deux époux exerce toujours son fameux droit par vengeance ou par haine, et il trouve un formidable auxiliaire dans le vieux texte.

Il est curieux de noter que l'Église catholique, ennemie-née du divorce, a toujours eu sur le domicile conjugal une théorie plus libérale que celle de l'État, père-gigogne du divorce. Aux époques de leur souveraineté, les catholiques ont eu à leur disposition la légitime séparation, avant tout jugement.

La loi de cohabitation cesse dès qu'un des époux peut être exposé par l'autre à un danger spirituel ou physique :

« La partie menacée, dit le vieux Code ecclésiastique, peut se séparer même de son autorité privée. »

La même loi religieuse autorise la séparation en cas de péril physique.

L'adultère aussi est un légitime motif de séparation ; mais, dans ce cas, l'Église romaine veut un jugement. Elle connaît toutes les faiblesses et se penche sur beaucoup de fautes, non pour les punir, mais pour relever l'être tombé.

Il y a des pages charmantes et une poésie profonde de connaissance humaine dans cette partie du Code matrimonial religieux. Pour qu'il y ait adultère, le geste accompli ne suffit pas. Il faut que la volonté ait été complète. Il faut que la femme n'ait subi aucune violence. Il faut encore que l'abandon ou l'inconduite du mari n'aient pas mené l'épouse à cette extrémité de la tromperie. L'Église admet des excuses à l'adultère, comme le bon juge de Château-Thierry admet des excuses au vol : la faim...

Mais l'Église se montre peu douce en un autre passage de ses lois. Elle veut que la femme obligée de quitter le domicile conjugal soit confiée à une autre femme, honnête et prudente.

Charger une femme de la vertu d'une autre femme, cela montre quelque naïveté. Cela prouve au moins que le législateur catholique vivait dans le calme du célibat et dans les chastes ignorances.

Le juge de la Seine, qui a condamné le docteur X... à recevoir, au domicile, la femme contre laquelle il plaide, n'a pas l'excuse de l'ignorance. Il savait bien, qu'il rendait un mauvais arrêt. Mais il était l'esclave d'une loi très précise. Il ne pouvait pas ne pas prendre cette décision. Cet incident comique et triste peut devenir utile, s'il prépare la réforme des lois surannées qui entourent le divorce. Le civil doit avoir le courage de ses opinions : il a voulu la liberté du mariage. Qu'il ne fasse pas du divorce la suite illogique d'une odieuse contrainte par corps. La prison pour dettes est supprimée. Que le lit nuptial ne devienne jamais la geôle suprême où est enfermé l'amour qui a voulu fuir !

Il y a des lois qui doivent être traitées par le législateur comme Mascarille était traité par ses porteurs, à coups de bâtons de chaises.

L'AMOUR LIBRE EST-IL UN DÉLIT?

Entre Murat et Aurillac roule un décor si fin, si détaillé qu'il semble un collier de pierres d'or et d'acier, posé dans l'écrin pâle d'un ciel sans violence. La rouille des vieilles laves, l'aigue-marine sombre ou pâle des pins et des chênes, l'or des mousses, le diamant allongé des cascades, tout cela paraît avoir été combiné, serti, ciselé, taillé par la main géniale d'un vieux bijoutier byzantin, amoureux de la forme et de la couleur.

Et le train court à travers la montagne, sans la briser ni la déparer. Les six petits wagons prennent l'air de chèvres noires sautant de val en mont, de viaduc en tunnel, rappelées au bon ordre par le sifflet du pâtre, — la locomotive.

C'est le Lioran, tout en sapins; c'est Saint-

Jacques-des-Blats, où les hêtres vont vers les chênes; c'est la descente de Vic, la vallée radieuse où les prés s'étalent autour de la vieille ville pour paraître plus clairs et la faire paraître plus noire; c'est Pestel, dont la tour garde un geste de commandement, dressée sur son roc, et c'est Aurillac, humblement joli, vu d'en haut, sous ses toits rouges que bénit lourdement la main en bronze de Gerbert, le fort pontife.

En ce paysage calme, le désir prend d'ignorer Paris, et, pour lire un journal, on pique dans *l'Indépendant du Cantal*. Tout y paraît honnête, brave et simple jusqu'aux crimes, des crimes sans complications, des assassinats de paysans qui se battent après la foire sans adresse dans les doigts, des histoires de chemineaux, qui ayant faim, entrent dans une ferme, prennent du pain et s'en vont tranquillement, mais tuent la fermière si elle a le tort de les déranger. Et au milieu de ces incidents, fort bien racontés, je lis cette histoire :

« Un enlèvement. — Un propriétaire de la commune de Roussy louait il y a quelque trois mois un domestique d'environ trente-six ans. Le serviteur s'occupa principalement

de faire la cour à la fille de son maître, belle
enfant de dix-huit ans. Cette dernière ne
demeura pas insensible aux avances qui lui
furent faites et très honnètement elle demanda à son adorateur de l'épouser. Mais
notre homme, craignant une fin de non-
recevoir, n'osa parler de rien à son patron ;
seulement il complota d'enlever la belle. La
belle donna son adhésion au projet, et on le
mit à exécution. Ce fut Aurillac qui eut
l'honneur d'être choisi comme but de la
fugue des deux tourtereaux.

» Malheureusement, le commissaire, pré-
venu par dépêche, alla troubler dans leur
retraite les deux soupirants. On les condui-
sit devant le procureur, qui, après un in-
terrogatoire sommaire, fit remettre en liberté le suborneur, mais qui d'autre part,
sur les instances du père, envoyait au couvent du Repentir « l'oiselle fugitive ». Et
cette histoire s'arrête là. »

Le bon petit journal est fort républicain,
très moderne d'allures, et pourtant il nous
raconte cette atroce aventure avec le calme
qu'aurait gardé un moine de l'abbaye d'Aurillac au douzième siècle, narrant sur les registres du couvent les malheurs d'une fille

de qualité. « Et cette histoire s'arrête là, » dit
mon confrère avec un style lapidaire.

En l'an 1904, comme en l'an 1100, une honnête fille se donne à un homme et part avec lui
sous la garde de la lune. S'il lui manque un
seul jour pour être majeure, un père irrité peut
enfermer la demoiselle dans une géôle, avec
les filles de mauvaise vie ramassées dans
toutes les maisons publiques, de la province,
avec les goules de toutes les auberges des
routes. Au vingtième siècle, comme au douzième siècle, c'est la confusion de l'amour et
de la prostitution. C'est l'avilissement de la
créature aimante qui se donne, jusqu'à la
fange de la créature qui se vend. Aujour-
d'hui, comme au moyen âge, la femme n'a
pas le droit d'être adorée avant que le vingt
et unième hiver ait passé sur la blancheur
de ses formes. Les législateurs qui décrètent
que la femme n'est pas libre d'elle avant la
majorité, les magistrats qui appliquent cette
loi, comme les rebouteux appliquent les em-
plâtres, tous ces gens devraient bien aussi
faire que la femme ne soit pas femme avant
vingt et un ans.

Que la loi soit dure au séducteur, cela se
comprendrait et serait justice. Mais qu'elle

s'attaque à la victime de l'amour pour l'écraser encore, pour l'avilir quand elle n'est que blessée, cela est pure folie.

Le couvent du Refuge, c'est peut-être bon pour les filles qui ont naufragé à tous les récifs de la vie, pour les écorchées de la prostitution, pour les bêtes à vices que la syphilis et le mercure ont marbrées, comme marbre la mort. Mais la petite paysanne que son père a mise au Refuge n'était pas une épave. Elle avait à peine tendu la voile sous la brise d'amour qui souffle doucement à travers les haies. Elle était sans doute orpheline de mère, car les filles qui ont une mère ne quittent pas la maison.

Celle-ci avait un père, dur comme le granit de sa maison : il a fait ses preuves. Et la pauvrette s'est laissé prendre aux premières paroles douces que ses oreilles aient cueillies dans la nacre de leur conque.

Elle était à ce moment divin qui est le printemps de la vie et le printemps de l'année. C'est l'heure où sont attendus les baisers au tournant des sentiers, où les paroles s'échangent à l'ombre du grand arbre, où les mains se rejoignent sans se chercher, comme l'oiseau rejoint l'oiselle. Cette pré-

face dont la nature était complice, ce rêve
dont les yeux bleus voyaient l'éternel dé-
roulement, cet amour tout entier a échoué
dans les bras d'un commissaire de police,
comme un adultère banal. Et le vieux paysan
a été impitoyable, parce qu'il tremblait de
voir son bien aller plus tard au domestique
infidèle. Par avarice plus que par vertu il
a voulu que sa fille fût enfermée avec les filles
usées dans les maisons publiques.

L'enfant du plein air, aux cheveux noirs,
au teint de rose triomphante, a passé la porte
lourde du Refuge. On a rasé sa tête comme
on rasait jadis les cheveux du dauphin, in-
digne de la couronne; et c'est encore une
couronne que ces impitoyables mains ont
arrachée à la pauvrette : la couronne de
l'amour. Elle a dû revêtir l'uniforme du couvent, qui est aussi infâme pour l'être fémi-
nin que le bonnet du bagne pour le mâle.
Elle n'entendra plus les oiseaux chanter leur
éternel appel à l'amour. Mais elle entendra
le murmure immonde des filles publiques,
repenties par force, qui, n'ayant plus rien à
ternir autour d'elles, terniront cette âme, plus
vierge, certes, que les âmes noires des
vierges de salon.

Et les gardiennes diront à la petite innocente qu'elle est une criminelle, parce qu'elle
a eu un sang de lave, qui n'était pas durcie
comme celle des volcans éteints de son pays.
On lui prouvera son crime en la faisant tra-
vailler. Et sur son banc de bois, sur sa cou-
chette de fer, elle sera seule avec sa passion
inassouvie qui creusera ses joues, qui allu-
mera des flammes dans ses yeux, flammes
que les larmes n'éteindront pas. Supplice
affreux, elle coudra les trousseaux que le
Refuge fait au rabais pour les fiancés bourgeois. Et comme toute femme qui respire
fait un rêve, elle fera celui de mourir. Si
le chagrin ne tue pas, que deviendra-t-elle à
vingt et un ans ? Qui voudra, non pour l'amour,
mais pour le travail, d'une Repentie ? Ren-
trera-t-elle flétrie dans son village ? Non ; la
rose ouverte que l'homme enferme entre des
pierres ne revient jamais sur le rosier où
elle a fleuri. Le vent emporte cette chose
séchée où vont les poussières, sur les grandes
routes, vers les grandes villes.

Si M. le Commissaire était allé, avant de
« faire son devoir », se promener dans la
campagne parfumée, si M. le Procureur avait
profité du clair matin pour admirer les pail-

lettes d'or au fond de la Jordanne, si tous
deux avaient lu le poème d'amour que
chantent les ronces et les rochers, ils n'auraient sans doute pas agi comme ils ont
agi d'après *l'Indépendant du Cantal*. Ils
auraient secoué le gars ; ils auraient con-
voqué le père, et le vieux paysan aurait con-
senti au mariage par peur de la Justice. Puis
il aurait beaucoup ennuyé son gendre pour
se consoler de la mésalliance, — car il y a
une aristocratie féroce dans le peuple depuis
que l'égalité est dans la loi.

Mais l'affaire est entendue : le gars va se
promener et recommencer ailleurs son métier de séducteur ; le père va jouer le Brutus
de village ; la victime seule sera punie ; et ce
sera justice humaine.

LES DROITS DU BATARD

Au village, dans la maison d'école, dont les fenêtres s'ouvrent comme des yeux d'enfants sur la campagne claire, tout est gai. Les murs blancs sont semés de cartes et d'images. Parmi les navets en couleur et les leçons d'anatomie en chromos, s'étale la *Déclaration des Droits de l'Homme*, la lourde pâture qu'une loi nouvelle donne à l'enfance joyeuse.

L'instituteur, dans sa chaire, repose ses yeux sur la netteté des tables, des parquets, des plafonds. Tout à coup :

— Cré nom ! s'écrie-t-il, la vilaine bête !

Et il court assassiner une grise araignée qui tissait des fils légers sur la Déclaration sacrée. La pauvrette, se croyant à l'abri au milieu de ce débordement d'humanité, de fraternité et de générosité, avait déjà couvert de sa toile une phrase entière :

« Tous les Français sont égaux devant la loi ! »

M. l'Instituteur a eu tort de l'écraser, cette araignée, car il aurait pu tirer de son travail une leçon de philosophie. La bête allait cacher aux enfants la solennelle bêtise écrite par leurs illustres aïeux.

Tous égaux devant la loi ! dit le texte. Et cent ans après cette affirmation, je vous défie de trouver deux Français que la loi traite de même. En cela, la loi, du reste imite Celui qui crée les goitreux et les crétins, puis met au front des autres le petit lampion qui est le génie.

Si la loi n'était qu'inégale, il ne faudrait pas la blâmer : elle serait divine. Mais elle est injuste par surcroît. Il se trouve même de braves gens qui essayent de la réparer, de la redresser, de la ravaler, comme une vieille muraille.

Cette fois, c'est un député de Paris, M. Holtz, qui prend la truelle et veut recrépir la loi du recrutement.

Il demande que les fils de divorcés ou de femmes non mariées soient les égaux des fils de veuves.

L'article 21 de la loi, dont il s'agit, est ainsi rédigé depuis l'année 1872 :

« En temps de paix, après un an de présence sous les drapeaux, sont envoyés en congé dans leurs foyers, sur leur demande, jusqu'à la date de leur passage dans la réserve :

» Le fils unique ou l'aîné des fils, ou à défaut de fils ou de gendre, le petit-fils unique, ou l'aîné des petits-fils d'une femme actuellement veuve ou d'une femme dont le mari a été légalement déclaré absent. »

De la belle-mère, de la femme divorcée, la loi n'a aucun souci. Il faut un cadavre dans la famille pour que la mère isolée paraisse digne d'intérêt.

C'est l'envers de la vérité : une fille a un enfant. Elle a le courage de braver les préjugés, d'encourir les mépris. Elle crie noblement : « Ce petit est à moi. » Elle le nourrit, le soigne, l'élève. A faire ce sacrifice, elle perd sa place, si elle en a une. Car le patron, bourgeois ou notable commerçant, ne s'encombre jamais de l'employée ou de la servante enceinte. Il aurait peur d'être accusé d'une paternité.

La mère illégitime ne perd pas seulement son travail, en avouant. Elle perd souvent son amant. Il part, en terreur du devoir nouveau. Il va se marier, fonder une famille légitime, gagner les respects qu'il a perdus en vivant avec une concubine.

Et la mère ajoute les nuits aux jours. Elle fait les travaux dont les femmes, dites honnêtes, ne veulent pas, ceux qui brisent la colonne vertébrale, ceux qui brûlent les yeux, rougis de larmes déjà. Elle travaille au tarif des prisonnières ; elle coud ou brode comme cousent ou brodent les condamnées pour prostitution.

L'enfant grandit. Il ne voit pas les fatigues qu'il donne, les douleurs qu'il cause. Il va à l'école. Si le maître est bon, les camarades ignorent la *faute* originelle. Ils n'appellent pas le petit du nom de *bâtard !* Si le maître est méchant, une indiscrétion. se commet et le supplice de l'enfant naturel commence, pour grandir avec lui.

Le voilà homme : il peut, grâce à l'éducation donnée par la mère, commencer à gagner sa vie. La mère s'est affaiblie ; ses forces l'abandonnent. Elle ne compte plus que sur le gas dont elle a été toute la famille. La loi de recrutement se dresse et prend le petit pour trois ans.

L'anémie gagne l'ouvrière surmenée; c'est l'hôpital, c'est la couche douloureuse et solitaire où le soldat ne pourra venir qu'une fois par mois: les heures de parloir dans les hôpitaux s'accordent mal avec la discipline de la caserne...

Et voilà pourquoi vous trouvez souvent le convoi de la pauvresse suivi par un seul homme, un soldat de la classe.

Les fabricants de loi ne peuvent même pas répondre ce que, dans maints autres cas, ils disent:

— Nous avons trouvé cette situation, nous la laissons.

La loi, qui met hors la loi les enfants naturels, appartient à la troisième République. Elle est l'œuvre de la Constitution qui honore M. Wallon.

Sous l'Empire et sous la Monarchie, sous le règne de la loi de 1832 et avant cette loi, l'enfant naturel reconnu par la mère bénéficiait des avantages accordés à l'enfant légitime.

En 1872, les libéraux jugèrent bon et moral de retirer son unique appui à la fille-mère, qui pour faire un homme, avait ruiné sa santé, avait accepté la vieillesse avant l'âge;

Que l'on ne dise pas: « Les républicains de 1872 n'étaient pas de vrais démocrates. Ils étaient des orléanistes prudents à faux nez républicain. » Car la loi de 1889 efface celle de 1872, et n'a pas revendiqué les droits de la fille-mère.

Cette injustice contre la femme qui reproduit sans mari légal est toute moderne. On n'en saurait même accuser l'Église catholique. Certes, aux siècles de foi, les prêtres grondaient contre le désordre ; ils poursuivaient de leurs sermons les séducteurs et les séduites. Mais l'Église imposait le respect du bâtard, et ce fut une ordonnance de Louis XIII qui autorisa les bâtards d'une fille noble à porter les armes de leur mère, avec brisure.

Elle a vite suivi l'erreur républicaine, la grande Église. Car elle a fondé les prisons de filles trompées qui s'appellent les Refuges et qui vont peut-être subsister à l'heure où de plus innocentes retraites seront fermées.

Le préjugé contre la fille-mère est partout maintenant.

Je dînais, un jour, près d'un chanoine, non pas un gros et dodu chanoine, important, gourmand, gaillard et gai, comme la légende peint les chanoines de jadis.

Non, mon chanoine était de physionomie austère, de voix grave, de vertu un peu âpre, avec des sévérités pour lui-même. Je ne sais s'il pratiquait la pauvreté par ascétisme ou l'ascétisme par pauvreté. Mais il vivait misérablement avec la volonté de faire le bien. Il montrait en tout l'âme de ces prêtres du centre de la France, qui semblent faits du rocher de leur montagne : de la lave pour le zèle ; du granit pour l'énergie. Le chanoine dont il s'agit, n'ayant pas de prébende, dirige le Refuge de Rodez, un refuge honnête, où le gain des ouvriers est respecté et où la sévérité a de maternels adoucissements.

— Nous avons les filles publiques de la grande ville voisine, dit le chanoine. Nous en avons aussi des champs. Et la promiscuité est inévitable. Notre maison est la seule retraite possible pour les malheureuses qui ont fauté, ne serait-ce qu'une fois. J'en ai une en ce moment qui a dix-huit ans. L'an dernier, elle était servante de ferme. Son maître, marié, l'a enlevée, a quitté le pays avec elle. Après dix mois, il est rentré près de sa légitime, — personne acariâtre. Il a repris la vie conjugale. Que vouliez-vous que fît la petite abandonnée? Mère d'un enfant de quinze jours, elle ne pouvait rentrer au village. Cela aurait troublé l'ordre. On nous l'a confiée. Elle est au Refuge avec les filles perdues de la Ville.

Et le chanoine trouvait cela naturel, humain, juste et salutaire. Il ne comprenait pas que dans son histoire il y avait deux coupables : le mari volage, la femme acariâtre, mais une seule innocente, une seule victime : la fille séduite, la petite abandonnée ! Et je me trompe : il y avait deux victimes ; car l'enfant doit vivre, dans un orphelinat, sans doute.

La pudique loi qui écarte de tout bénéfice la fille assez courageuse pour être mère n'est pas plus indulgente à la femme divorcée, une création moderne pourtant.

La femme divorcée et non remariée, même quand son mari est mort après le divorce, n'est pas assimilée à la veuve devant la loi de recrutement.

Après le divorce, le mariage n'existe plus ; la mère doit subvenir aux besoins de son enfant. Qu'elle en ait ou non la garde, elle est tenue de contribuer à son entretien et à son éducation selon ses moyens.

C'est très clair : une loi oblige la femme

divorcée à rester mère avec tous les devoirs de la fonction. A l'heure où ces devoirs peuvent tourner en droit, quand le fils a vingt ans, une seconde loi prive la mère de cet appui naturel.

Le décès du mari divorcé ne peut même pas mettre l'épouse dans la situation d'une veuve; ainsi l'a décidé le Conseil d'État par avis du 9 février 1897.

Lorsque fut discutée la loi du divorce, il se trouva un honnête homme pour prévoir cette anomalie et s'élever contre elle; on lui répondit que certaines mères seraient capables de demander le divorce pour exempter leurs fils.

Ce propos d'âne parlementaire serait le plus bel éloge des mères, s'il n'était ridicule.

Car la loi française n'admet pas encore le divorce de consentement mutuel. Elle admet par contre que la mère meure de faim pour avoir immolé sa force, sa jeunesse aux pieds de l'être frêle et rose qu'elle appelle son fils, — naturel ou légitime, qu'importe!

LE DEVOIR DE L'AUMÔNIER
D'HÔPITAL

Le long de l'année, peu de jours passent sans porter des lettres aux députés pour ou contre le service religieux des hôpitaux.

Tantôt, c'est la reconnaissance émue d'un ouvrier à qui les paroles d'espoir ont été dites par l'aumônier dans la morne gaieté de la salle trop blanche, si blanche, que les murs semblent porter le livide reflet des pâleurs mortelles.

Tantôt, c'est la lettre d'une mère qui a moins souffert, parce que le prêtre, appelé, a parlé des retrouvailles célestes, où les enfants laissés, aujourd'hui, seront, un jour, revus par la morte.

Si ces mots, si ces bénédictions, si ces sacrements, demandés et donnés n'étaient que des illusions, que des fantômes, ils auraient encore le mérite de cacher la réa-

lité aux humbles qui vont souffrir la dernière
étreinte.

A côté des lettres où sont dites les dou-
ceurs des uns, il y a les lettres où sont dé-
crites les férocités des autres. Il y a, hélas,
des aumôniers d'hôpitaux qui croient être
les derniers exécuteurs de la sainte Inquisition.

La souffrance exaspérée par la misère, le
spectacle des membres qui se tordent, des
âmes qui s'affolent, tout cela n'émeut pas
leurs âmes de juges jugeants. Ils éprouvent
le besoin de réformer et de gouverner.

Ils se promènent à travers les salles, armés
du droit canon, cette jurisprudence noire
d'usage et vieille de plusieurs siècles. Ils
appliquent des textes désuets, là où ils devraient appliquer le baume symbolique du
Samaritain.

A chaque occasion, ils étalent un zèle de
combat, et portent la croix, comme si elle
était une épée, forgée pour blesser les cœurs.

Ils oublient, ces aumôniers-là, que le droit
canon date du temps où l'Église tenait sa
main levée sur les remords agenouillés des
rois et des peuples.

Mais la mansuétude dans l'Église est plus

vieille que la férocité: le baiser chrétien
pouvait être pris jadis après le baiser d'amour,
et Jésus le Nazaréen releva Marie de Magdala,
avant de lui demander si elle avait la bonne
intention de cesser les agitations du corps.

Un fait dira mieux l'état des choses que
dix pages de théories. Il se passe à l'hôpital
de Nancy ; mais la ville importe peu. Car
l'incident qui cause l'indignation lorraine se
reproduira demain, peut-être, à Nice ou à
Lille, comme il a été noté à Marseille ou
Montpellier.

A l'hôpital de Nancy, est morte une fille-
mère, une de ces victimes pour lesquelles
la société garde ses plus âpres injustices, en
confusion menteuse de la victime et du coupable.

Depuis sept ans, cette fille aimait un ouvrier
et vivait avec lui plus honnètement que la
femme la plus légitime avec l'époux le plus
légal. Un enfant était né que le père et la
mère élevaient bien.

Par ordre de l'aumônier, cet ouvrier, ce
père, a vu fermer devant ses pas la porte de
l'hôpital. La compagne mourante appelait le
compagnon en larmes. Et l'Église répondait :

— Par ordre de l'aumônier, défense de

donner le dernier baiser, celui qui est chaste comme le premier !

Car les lèvres froidies par l'approche de la mort sont toujours solennelles en leur contact.

Mais l'aumônier savait son droit canon : anathème contre la concubine fidèle ! honneur à la femme légitime qui met sous le masque d'un contrat son visage d'adultère à répétition.

L'Église dit exactement que les derniers sacrements ne peuvent être donnés à qui les demande, étant en état de concubinage, si la demande n'est pas accompagnée de la promesse de ne plus revoir l'amant.

Misérable pardon que celui qui est donné sous réserve de l'avenir, comme si l'avenir était aux hommes !

L'abbé de Nancy aurait donc été dans son droit, dans un droit raide comme une chape d'argent, s'il avait refusé l'hostie implacablement blanche à la mourante implacablement amoureuse.

Mais il fit mieux ; il voulut imposer la disparition de l'amant, et il ordonna son expulsion.

Écoutez le récit très simple de cet amant,

écoutez cette voix de passant perdu dans la
foule des résignés, des laborieux, des abandonnés :

Monsieur...

Vous me demandez ce qui s'est passé au
sujet de ma fiancée. Arrivé à l'entrée de la
salle n° 13, la sœur et l'infirmier m'ont interdit l'entrée par ordre de M. l'Aumônier.
Le plus terrible c'est que la dame qui a adopté
mon enfant a été obligée de jurer sur le lit
de la mourante qu'elle ne m'amènerait plus.
L'aumônier a dit que je n'étais qu'un « gal-
vaudeux ». Je m'étais offert de faire le cercueil
et de payer les frais de l'enterrement ; il m'a
interdit l'entrée de la chapelle ; il m'a dit que
si je suivais l'enterrement il sortirait des
rangs pour me chasser et qu'il ne l'enterrerait pas.

Monsieur, je vous remercie beaucoup de
la bonté que vous avez eue : sans vous, je ne
l'aurais pas revue.

. . . .

Signé : Albert Vigneron.

La lettre est adressée à un jeune étudiant
en médecine, externe de l'hôpital qui a été,
en cette affaire, meilleur disciple de Jésus
que le disciple de l'autel.

M. Dormoy a, d'un joli mouvement, secoué
les consignes, l'aumônier et le reste. Il a
mené le fiancé au pied du lit et donné la suprême joie de l'adieu à une existence qui eut
peu de joies.

Malheureusement, l'abbé n'a pas calmé
devant la mort ses accès de ferveur haletante
et de fureur théologique : il a refusé de
laisser déposer sur le cercueil une couronne
portant ces mots : « A ma fiancée ».

Le synonyme était joli pourtant et d'une
amoureuse délicatesse. Il y avait je ne sais
quoi de très pieux dans cette pureté du nom
le plus pur donné par un ouvrier à une femme
dont il était le compagnon depuis sept ans.

Les fiançailles sont le premier battement
d'ailes de l'amour : combien de gens mariés
à tous les autels de la religion et de la loi
conservent même le souvenir de cette ivresse,
après sept ans de mariage ?

Je crains fort pour l'Église et pour l'État
que si l'on faisait l'impossible statistique des
femmes vertueuses en France, la plus grande
somme de vertu ne fût dans les ménages
libres, le plus beau paquet d'immondices
dans les légitimes unions.

Le mariage, institution sainte, ne serait-il

plus digne de notre société ? En tous cas, il
convient mal aux prêtres modernes de ne
pas faire grimper l'indulgence autour de la
table des lois. Le temps n'est plus où les
mains très pures du saint Inquisiteur por-
taient la vengeance, d'un geste hiératique.

Certains clairons qui sonnent le Christ, le
sonnent fort, mais faux. Le bon externe de
l'hôpital civil raconta, dans une lettre publique, que les aumôniers avaient cédé parfois devant les hautes situations. Il fit, sans
doute, allusion à des aventures locales sans
intérêt.

Car les personnes importent peu en cette
aventure de Nancy. On a choisi cet exemple-
là, parce qu'il est tout neuf, parce que les
hommes libres de l'Est sont tout émus de
son éclat, parce que l'externe de l'hôpital est
catholique avoué, élève de prêtres, fier d'être
sorti de la Malgrange. Ouvrant la porte à
l'ami de Madeleine, il a bien agi et catholiquement agi.

Nul, pourtant, plus que le prêtre ne doit
entrer dans l'hôpital, vêtu de ce manteau de
miséricorde, dont parle le poète. L'hôpital,
c'est le plus triste terme des routes humaines:
la pure et belle floraison des lis se mêle à

la poussée des ronces, le long du chemin.

On les voudrait ces prêtres de toutes re-
ligions passant, non comme des surveillants,
mais comme des messagers de douceur entre
la souffrance et la mort. On les aime portant
le baiser de l'hostie avec la même indulgence qu'avait le Nazaréen au Golgotha,
quand il ouvrait ses bras, non à quelques-
uns, mais à tous.

A la jeune femme, fiancée mauve, morte
dans le lit de l'hôpital nancéen, le frisson de
la fièvre donnait, sans doute, le frisson des
hymnes de son enfance entendues dans la
vieille église d'un village lorrain. Et le frisson des hymnes, c'est encore le frisson de
l'amour.

Tout cela prouve qu'il y a de par le monde
des étudiants en médecine plus magnifique-
ment catholiques que les prêtres perdus
dans la lecture de vains textes.

LA RESPONSABILITÉ ET LES VICES

Avec la théorie de l'irresponsabilité telle que l'exposent certains médecins, on court à cette conclusion : le grand nombre des victimes excuse l'assassin. Celui qui tue une fois doit être puni. Celui qui tue cent fois doit être douché, et doucement encore. C'est un objet d'étude galante pour les cours de MM. les Docteurs.

De tels sophismes, sous bonnet scientifique, sont dangereux à l'heure où le sadisme criminel ressuscite aux quatre coins de la campagne française et court derrière les jupes pour serrer les cols.

La Cour d'assises ouvre un peu partout des abîmes au bord desquels il est difficile de promener le public, convenablement.

Peut-être à cause de cela, les femmes de Paris et de partout se penchent curieuses

vers les crimes qui révèlent de l'énergie
dans la rapidité ! Les papillons de l'assassinat impudique ont du succès.

Les moralistes reprennent les choses par
le détail, et profitent de l'occasion bien offerte pour clamer contre la dépravation moderne : ces crimes, disent-ils, sont dignes
du temps où l'art lui-même se tord en larves
sur les murs et les meubles.

Les moralistes se trompent. Les mêmes
vices et les mêmes crimes vicieux sont de
toutes les époques, de toutes les civilisations,
de toutes les capitales.

Les erreurs du marquis de Sade sont de-
venues démocratiques ; rien de plus. Le vice
n'a plus de jabot, ni de dentelles, ni de talons rouges et hauts pour tourner sur le
corps de la victime abusée. Le sadisme va
maintenant en sabots. Il n'est plus marquis,
il n'est plus né. Mais il court les grands chemins et les sentiers en pantalon raccommodé,
pour l'agenouillement devant la victime frappée. La casquette a remplacé le tricorne
galant. Les cheveux longs et pouilleux ont
succédé au catogan et aux rouleaux bien
tenus.

A la fin du règne de la racaille, les gentilshommes et les hommes de plume se promenaient seuls dans les faubourgs de l'amour. Seuls, ils tombaient de paradoxe écrit en paradoxe vécu jusqu'au crime. Maintenant, c'est l'élève de l'école primaire qui prétend au beau ton dans l'assassinat et qui se dresse devant le jury, avec cette réponse :

— Je l'ai tuée par vice.

— Mais, objecte le président, vous lui avez pris sa montre ?

— C'était pour connaître l'heure du berger.

Et il se trouve des Lacassagne[1], docteurs-professeurs, *excusateurs* publics, pour expliquer que ce pauvre garçon est tout à fait irresponsable. Ces professeurs du nouveau style ont là, sous la main, un livre de leur plume où ils ont développé ce cas de maladie et l'ont expliqué par les actions réflexes. L'extravagance en immoralité est secondée par l'extravagance en expertise.

On nous prouvera demain que l'inversion des attractions, la nécrophilie, la bestialité, la zoophilie, ne sont que des maladies, des

1. Le docteur Lacassagne est un Lyonnais qui, dans les procès les plus célèbres, fait en faveur de l'accusé des conférences-réclames sur l'irresponsabilité.

indispositions, comme les vapeurs des dames. Ce n'est pas le malade qui en meurt, c'est la victime qui tombe sous le bras du malade !

Les médecins croient qu'ils ont découvert un mal nouveau, quand ils ont mis des noms grecs sur des crimes anciens. L'indulgence coupable est la seule nouveauté qui s'aperçoive, flottant sur le sang répandu.

La Bible et Hérodote ont fait le galant tableau de la dépravation en Asie. Lisez le chapitre dix-neuvième de la *Genèse*[1], l'histoire des deux anges qui descendent chez Loth vous apprendra les mœurs de ce temps.

[1]. Voici ce tableau de mœurs bibliques : « Or, sur le soir, les deux anges arrivèrent à Sodome; et Lot était assis à la porte de Sodome. Et Lot les vit, et il se leva pour aller au-devant d'eux, et se prosterna le visage contre terre. Et il dit: Voici, je vous prie, mes seigneurs, venez loger dans la maison de votre serviteur, et passez-y la nuit et lavez vos pieds; et demain matin vous vous lèverez, et vous continuerez votre chemin. Mais ils dirent : Non, nous passerons la nuit dans la rue. Mais il les pressa tellement qu'ils allèrent loger chez lui et entrèrent dans sa maison. Et il leur fit un festin, et fit cuire des pains sans levain, et ils mangèrent.

» Ils n'étaient pas encore couchés, que les hommes de la ville, les hommes de Sodome, environnèrent la maison, depuis le jeune homme jusqu'au vieillard, tout le peuple ensemble. Et appelant Lot, ils lui dirent : Où sont les hommes qui sont venus chez toi cette nuit? Fais-les sortir, que nous les connaissions. Alors Lot sortit vers eux à l'entrée *de la maison*,

Il est vrai que si deux anges venaient loger à Paris près des boulevards...

Le culte de Baal n'était pas autre chose que le crime contre la nature accompagné d'assassinat. Certains maniaques sont appelés en hébreu *Kedeschim*, ce qui veut dire *prêtres sacrés*.

Hérodote expose la maladie et le double crime des Scythes qui pillèrent le temple d'Ascalon et le souillèrent de sang, après l'avoir souillé d'immondes amours. Ces vices chez les peuples asiatiques, sortaient-ils des crimes rituels, ou les crimes rituels sortaient-ils des vices primitifs ? Tel est le vrai débat de la philosophie.

La Grèce sert en ces affaires de pont entre l'Orient et l'Occident : Solon ne fonda ses *dictyons*, refuges officiels de la prostitution légale, que pour fournir un dérivatif aux vices qui précédaient le crime.

et il ferma la porte après lui, et il leur dit : Je vous prie, mes frères, ne faites point le mal! Voici, j'ai deux filles, qui n'ont point connu d'homme; je vous les amènerai, et vous leur ferez ce qu'il vous plaira; seulement, ne faites rien à ces hommes, puisqu'ils sont venus à l'ombre de mon toit. Mais ils *lui* dirent : Retire-toi de là! Puis ils dirent : Cet homme-là est venu *ici* comme étranger, et il se mêle de juger! Eh bien, nous te traiterons plus mal qu'eux. Et, pressant Lot violemment, ils s'approchèrent pour enfoncer la porte.

Les écoles des philosophes, les lycées et les gymnases étaient des maisons de débauche compliquées, affinées et littérairement criminelles.

Lucien, dans ses *Dialogues des courtisanes*, a laissé la fresque des vices de son temps. Cette fresque montre le crime au dernier tableau : Clao qui aimait d'amour le soleil, assassina une prétexte aux cheveux d'or.

Aristote avoue que la femme lui paraît être une irrégularité, un accident de la nature. Est-ce un crime de supprimer les accidents ?

Les Grecs vaincus se vengèrent des Romains en leur léguant les vices qui devaient aller jusqu'au crime bestial, les vices dont devait mourir l'Empire après avoir assassiné des empereurs.

De César épileptique à Héliogabale idiot, quelle avenue de vices ! Ce dernier, qui prend le nom d'impératrice et met une robe de femme avec des bijoux pour tuer un esclave, est le suprême figurant d'une longue farandole de despotes assassins, au pied des couches et au seuil des lupanars.

Mais Rome ne vaut pas Athènes : la Grèce relevait ses crimes par la passion de l'idéal. En Italie, le geste est brutal, comme est brutale la lance du centurion. Ce n'est pas à Rome que la légende place le berger qui couche une statue de marbre par terre et meurt près d'elle, inassouvi.

Pour comprendre la chasteté brusque, absolue, impérative de saint Paul et des premiers chrétiens, il faut avoir appris que dans le monde où apparaissait le philosophe nouveau, il n'y avait plus de place pour l'amour sans crime.

Les isolés de la doctrine neuve avaient un beau courage quand ils nommaient « les passions de l'ignominie » et proclamaient que l'amour n'était pas un but, mais un moyen.

Tout est dans tout ; au sein de la nouvelle école, des novateurs mystiques ressuscitaient les vices et les crimes du vice, en exaspérant la chasteté. Les agapes des chrétiens ne furent parfois que des orgies.

Sur tout cela, sur le fumier dangereux, sur les lits empoisonnés du fumier, le monde barbare s'avance et ajoute ses crimes à ceux qu'il réprime.

Charlemagne au matin du neuvième siècle est obligé de consacrer un de ses *Capitulaires* aux vices honteux « qui n'engendrent que la mort donnée dans le spasme ».

Henri, abbé de Clairvaux, écrit en 1117, au pape Alexandre III :

« Dans le cloître, l'antique Sodome renaît de ses cendres. »

Le séjour des croisés en Palestine n'est bon ni à la vertu, ni à la santé.

La condamnation des Templiers est tout simplement celle des vices contre nature. Les dépositions du procès, les déclarations de Jean de Saint-Just et de Gérard de Causse ne laissent aucun doute.

Au quatorzième siècle, s'ouvre le livre d'une nouvelle criminalité sexuelle : les démoniaques, les incubes, les succubes, passent en une procession priapique. Le temps est venu où l'on croit en Dieu pour aimer le Diable, avec plus de péché.

Sept fois, sept Anglais, attentent à la vertu de Jeanne d'Arc, en sa prison. Et ils se vantent de cet exploit.

Gilles de Laval, Barbe-Bleue, n'est qu'un compagnon de la Pucelle. L'histoire, qui prend ici des ailes de légende, avoue huit cents victimes sacrifiées (honneur et vie) aux appétits gloutons du maréchal, qui enlace la volupté du meurtre dans les erreurs de l'amour.

Traduit devant la haute cour de Bretagne, Gilles est tout à fait étonné d'être poursuivi pour si peu. Il écrit au roi Charles VII une lettre où il avoue ses méfaits et où il explique son cas, très simplement comme un délit de chasse.

Le roi, qui n'avait pas été à l'école du docteur Lacassagne, ne trouve pas que la lecture de Suétone soit une excuse, et il abandonne au bûcher son très humble chambellan et maréchal de France.

Malgré ce que la Faculté appelle dans la langue des précieuses « les impulsions irrésistibles », Gilles de Laval fut proprement brûlé à Nantes.

Saint Louis, dans ses *Établissements*, avait, d'ailleurs, réclamé la peine de mort pour les crimes contre nature, « parce que ces crimes-là mènent à d'autres ».

La cour de Rome était plus indulgente que nos rois : un bon gentilhomme pouvait se racheter de ses crimes vicieux pour trente-six tournois neuf ducats. Le Parlement de Paris, si souvent malmené par les Papes, se vengeait en condamnant au feu le livre *De Matrimonio* du jésuite Sanchez.

Faut-il rappeler les « puantes académies »

et les crimes de Médicis ? La série n'en était
pas finie sous Louis XIV, puisque Vendôme
« faisait le ragoût d'Italie », selon le mot de
Saint-Simon, tout comme cet Henri III, dont
Agrippa d'Aubigné disait :

« ... au premier abord, chacun estoit en peine,
S'il voyait un roi-femme, ou bien un homme-reine. »

Le dix-huitième siècle continue la galerie
des aïeux. Le marquis de Sade est moins un
homme que le modèle d'une sorte d'hommes :
ce Club qu'il appelait la « Société des amis
du crime » a existé et à plusieurs exem-
plaires. Le « Club d'Éros » avait été fondé
par M. de Chambonas. L'assassinat, après
l'amour, y coûtait trois cents écus d'amende.

La Révolution vint, et avec un grand air
de vertu, elle élargit le champ. Que de vices
dans les crimes politiques ! Que de viols
dans les noyades de Nantes ! Ce qui était
l'odieux privilège de quelques-uns devint
alors le privilège de la foule.

Il faudrait un livre pour dire les crimes
sadiques du dix-neuvième siècle fini : c'est
le découpeur de femmes à Augsbourg, c'est
le piqueur de jeunes filles à Bozen, c'est le
crime du sergent Bertrand, amant de la mort,
à l'ombre de Castelnau, comme le vampire

du Muy. C'est le crime répété de Vacher, exécuté à Lyon en 1898. C'est aussi le crime de Michel Bloch, qui, par dérision, ne fut condamné qu'à six mois de prison pour avoir lardé d'épingles un corps de femme.

Les médecins, docteur Magnan en tête, ont seuls progressé dans cette égalité des temps, devant le crime. ils ont mis des excuses savantes sur les crimes hors nature. Magnan a inventé la théorie des actions réflexes. Lacassagne a trouvé des définitions heureuses, a fait des mots de médecin sur les nihilistes de l'amour, et tous ces *maîtres* ont conclu à l'innocence de ceux dont ils ont inventé la maladie.

Les crimes d'hier, comme ceux de jadis, prouvent simplement que le vice n'est pas le produit d'une civilisation blasée. Les *instincts* ne se perfectionnent pas. La nature et la contrenature sont toujours identiques, Que les vicieux se nomment César, Léon X, Frédéric II, Cambacérès ou X... le traitement doit rester le même et doit être administré par la main du juge, non par celle de l'apothicaire. La société n'a pas le droit de juger, soit. Elle a le droit de se préserver.

POUR L'EAU BÉNITE

Il ne s'agit pas de l'eau bénite de cour, bien qu'elle soit en grand service dans les pays sans rois, bien qu'elle soit restée, pour l'aspersion des solliciteurs, derrière la porte des officines les plus démocratiques.

C'est l'autre eau bénite, la vraie, celle du bénitier, que la science agite et bat, tandis que la Science analyse cet humble lac où les jolis doigts des petites filles se plongent comme la main gourde des vieilles paysannes.

La Science se dresse contre le bénitier et déclare que l'antique objet est un danger national. Ce n'est plus le goupillon qui est un symbole redouté; c'est le contenu du goupillon qui est un instrument de mort.

Au nom de la propreté, la Science demande la suppression de l'eau quand elle est bénite.

Il paraît que les bacilles abondent dans l'eau sur laquelle un prêtre a fait un geste très doux et prononcé des paroles très fortes.

MM. de Sorbonne professent qu'il est plus dangereux de tremper un doigt ganté dans les royales coquilles de Saint-Sulpice, ces *tridacnes* donnés au roi François Ier par le doge de Venise, que de boire de l'eau de Seine mêlée à l'eau de source, par une administration très moderne. Moderne, il doit être cela jusqu'au bout de ses crins lavés au phénol, le professeur qui a versé sur nous l'eau bénite en torrents d'actualité!

Mais il ne sait rien de l'histoire sans doute et il sait encore moins de la vie.

Il ignore que l'eau bénite fut un progrès créé par l'Église, un objet hygiénique inventé avant même ce vilain adjectif.

L'histoire du christianisme est un roman que Dieu a fait avec la collaboration des hommes. Le mérite des collaborateurs a été variable. Mais l'œuvre du dieu est restée divine.

Or, l'eau bénite est d'institution apostolique. Dans les premiers temps, après la mort de Jésus, il y eut, à la porte des églises, des fontaines où les fidèles vinrent se laver le visage avant d'entrer dans le temple. Cela devait être fort utile, car les premiers fidèles n'étaient pas choisis dans le patriciat.

Un beau jour, quelque vieux prêtre, né poète, eut l'idée de bénir cette eau et d'en faire un symbole. On donna aux fontaines la forme octogone, image de la béatitude céleste.

Après avoir été l'instrument de la purification du corps, l'eau bénite devint un appel à la nécessité de la purification des âmes.

Sous le pape Alexandre Ier, cent trente-deux ans après Jésus-Christ, l'eau bénite était d'usage courant. Saint Épiphane en fait mention. Tertullien parle de l'eau sanctifiée par les invocations à Dieu. Saint Basile met cette bénédiction parmi les traditions apostoliques. Saint Vigile et saint Grégoire traitent de l'emploi de l'eau bénite.

En France, les Capitulaires de Charlemagne et un canon du premier concile de Nantes font obligation d'avoir l'eau bénite dans les églises.

Ces lettres de noblesse n'ont pas été brûlées sur l'autel de la Révolution, et elles prouvent que l'hygiène du corps préoccupait les Pères de l'Église, qui étaient en avance sur leur temps, comme n'est en avance sur le sien aucun hygiénique moderne.

Chose oubliée, l'eau bénite n'est même pas de l'eau pure. Elle est faite avec de l'eau fortement additionnée de sel. Le propre de l'eau, c'est de laver, le propre du sel, c'est de préserver de la corruption. Donc, en faisant l'eau bénite, les premiers chrétiens créaient le premier *antiseptique*. Pour que le remède fût plus efficace, ils entouraient de précautions strictes leur création: d'après les canons du sixième siècle, l'eau bénite doit être renouvelée tous les huit jours, le dimanche, et le prêtre doit faire cela avant de célébrer la messe. La bénédiction se donne dans la sacristie dans un vase spécial, sauf les jours de Pâques et de Pentecôte. Cette opération hebdomadaire est obligatoire strictement, sous peine de péché, disent certains théologiens.

Depuis les bénitiers somptueux de Saint-Silvestre à Rome, depuis les vasques de marbre où pleurent les anges, de même à la Madeleine de Paris, jusqu'à l'humble stèle qui porte une coupe de pierre dans la plus pauvre église du Limousin, l'eau bénite reste un objet de propreté matérielle.

Les chrétiens y voient autre chose. Et cette autre chose gêne peut-être l'optique du savant de Sorbonne. Le sel est le symbole de la prudence ; l'eau représente la pureté. L'eau bénite répandue sur la Chrétienté exprime ainsi le désir qu'a l'Église de préserver ses fils de toute contagion.

Les Orientaux, qui poussent tout à l'extrême, ont tellement interprété le symbole qu'ils boivent l'eau bénite deux fois par an dans l'église même : le jour de Noël après la messe de minuit et là veille de l'Épiphanie, vers le soir.

Mais sous tous les climats, sous tous les soleils, parmi toutes les pleurs, l'eau bénite rappelle au monde que l'Église fut la première dans la marche des civilisations.

Le savant dénonciateur a contre lui l'histoire. Il a aussi pour adversaires, tous ceux qui ont épandu sur un tombeau aimé les pleurs, les prières et les consolantes gouttes d'eau bénite.

Quand sont morts nos morts, ce ne sont pas les *antiseptiques* qui mettent la consolation dans nos cœurs. C'est l'eau bénite qui nous rappelle, tombant goutte à goutte, qu'elle est un symbole d'espérance.

Une douleur calmée sur un front pur,
voilà ce que ne fait pas le chlore. Et pourtant un évêque s'est trouvé, en Italie, qui a
ordonné de laver les bénitiers à grands jets
d'antiseptiques :

— Ah! disait, à ce sujet, la vieille comtesse
d'Arne, je n'irais pas au bénitier dans ces
régions-là, car depuis quatre-vingts ans les
microbes de l'eau bénite m'ont respectée,
tandis que l'odeur du chlore me rend malade
à mourir.

Laissons donc l'eau bénite comme elle est
depuis dix-neuf cents ans, sous peine de faire
croire que nous entrons dans un siècle dont
toute poésie doit être exclue et dont l'art
n'osera pas franchir le seuil hérissé de bacilles et d'antiseptiques.

LA FÉCONDATION ARTIFICIELLE EST-ELLE PIEUSE ?

— Est-il permis catholiquement, pieusement, vertueusement d'utiliser la fécondation artificielle ? Cela est-il loisible aux gens mariés, s'entend ? Car il est convenu que le troupeau des autres doit rester chaste ou mourir.

L'Église romaine, secouant les fronts chenus de ses vieux cardinaux, répond avec tremblement dans la voix :

— Non ; cela n'est pas permis.

Mais peut-être les traîneurs de pourpre que les heurts de la vie ont rendus sceptiques connaissent ils mal une opération qui a été exagérée dans son titre même.

Ni la mort, ni la naissance ne peuvent être artificiels. Mais la médecine qui peut adoucir ou retarder la fin des existences prétend avancer ou faciliter le commencement des êtres.

L'instrument de la fécondation est une longue aiguille d'acier, vague, ambiguë et creuse et qui, tremblante dans la main du médecin comme l'épi sur sa tige, ne prétend pas donner la vie, mais en prendre le germe là où il est arrêté pour le poser plus loin, là où il sera fécondé. Là où l'énergie de l'homme s'arrête et fléchit, la petite aiguille, fille amincie de l'antique seringue prend le pollen humain et le place à l'endroit voulu comme le stylet du ciseleur espagnol prend l'or liquide dans le fond du creuset et l'intaille dans l'acier pour y couler son dessin.

Un jour, sur la haute terrasse de Biskra, sur cette terre d'Algérie que nous aimons parce que ses rochers sont inondés d'azur et d'histoire, le docteur Dicquemard défendait contre des causeurs la fécondation artificielle. Et parmi la clarté d'un soir plus pur que les matins du Nord, il nous dit des choses dont le temps a emporté les mots, mais dont l'idée resta pour toujours creusée comme une empreinte sous un sceau.

Tout, depuis les gestes ébauchés jusqu'aux sublimes folies du rêve, concourt dans la nature à la reproduction. Les phénomènes les plus éloignés de la fonction s'y rattachent

par des rubans invisibles et solides. Dieu
nous trompe en cachant ses moyens comme
l'araignée leurre l'insecte en tendant son fil
dans l'air. Aider la reproduction, c'est aider
la volonté de Dieu. Et nous en voyons la
leçon dans tous les règnes de la nature. La
fécondation des plantes demande l'aide du
vent ou de l'homme.

Le châtaignier de la montagne porte des
fleurs mâles et femelles sur le même pied
retourné et contourné. La plus faible brise
fixe le pollen de celles-là sur les étamines de
celles-ci pour gonfler des ovaires qui, sans
contact, resteraient stériles.

Le caroubier a un plan mâle et un plan
femelle : la distance est plus grande et l'intermédiaire — toujours le vent de la chan-
son — doit faire le travail sans lequel il n'y
aurait plus de caroubiers sur terre, au grand
chagrin des chèvres.

Voyez ces figuiers : l'Arabe attache aux
branches femelles un paquet de figues mâles,
des « dokkars », et c'est le moucheron im-
portun qui, allant de l'un à l'autre fruit, fait
le docteur à l'aiguille, et transporte sur l'infiniment petit de sa trompe la poussière fé-
condante.

La datte, cette nourriture des terres solides
et brûlantes, ne serait plus qu'une rareté si
l'homme n'attachait, dès le premier printemps, les branches des fleurs mâles aux
grandes fleurs femelles qui ouvrent leur
cœur.

La brise, le vent, le moucheron ou l'homme
sont donc les proxénètes des fleurs ou des
fruits les plus naturels, sans parler des mariages horribles, des accouplements odieux
par lesquels les jardiniers obtiennent des
fleurs monstrueuses des orchidées aphro-
dites, des roses hermaphrodites, ou des
chrysanthèmes échevelés comme des pros-
tituées au matin.

Du végétal montons à l'animal. Le but de
la fécondation artificelle y est le même : cor-
riger avec art les imperfections natives ou
acquises des organes reproducteurs.

La sérénité, cet idéal ornement de la
force, n'appartient ni aux âmes ni aux corps
de ce temps, et les naissances même doivent
être orageuses, en cessant d'être simples.

Il ne faut pas admettre qu'un couple nor-
mal cherche à se perpétuer autrement que
par la normale. Mais du train où nous allons,
il n'y aura plus bientôt de femmes normales

dans notre monde vieilli. Les femmes naissent avec une délicatesse si fragile qu'elles se fêlent dès qu'elles ont servi. On dit aussi que les perles, au fond des mers, deviennent toutes malades.

La femme mal construite, l'homme faible d'action ou court de construction doivent-ils renoncer au but de l'union ? Doivent-ils être classés parmi les inféconds, les inutiles de la nature ?

Une aiguille creuse, bien dirigée, suffirait à prendre le pollen humain et à le porter où il doit germer, et parce que cette aiguille doit être dirigée par un tiers, il faut respecter l'alcôve, cette arche sainte ! Allons donc ! avec cela que les lits humains ne sont pas déjà ridicules à deux. Le médecin au moins rend utile la comédie qui s'y joue.

Les temps poétiques sont écoulés où la femme devait rester.

.................« Un jardin de haut lieu,
Qui n'a pour jardinier que le souffle de Dieu. »

Oui, dans la fécondation artificielle, le droit de l'amour est oublié, avec sa poésie. Le travail de l'aiguille à tricoter ressemble au geste appris de Dieu comme un empâtement de

couleurs sur une palette ressemble à la lumière du ciel irisant l'eau d'une source. La
fécondation artificielle, qui pourrait s'appeler
la fécondation grimpante, avec ses docteurs,
stylites de leur petite colonne, n'est pas un
beau spectacle. Mais c'est encore moins laid
que les ridicules essais. C'est moins hideux
que le rien tout court.

Il faut, dit l'Église, que l'enfant se coule
d'un seul jet comme les glaces de Saint-Go-
bain et ne juxtapose pas ses futurs morceaux
comme la porte à petits carreaux d'une
chambre de fille publique. Cela est vrai, mais
il vaut mieux faire un miroir que de manquer
une glace.

Je sais bien les autres raisons données
contre la reproduction artificielle.

C'est la pudeur de la femme : mais les
hermines ne meurent plus parce qu'elles sont
tachées !

C'est l'avenir des enfants : ces petits êtres
forcés ressembleront aux primeurs de Jer-
sey.

C'est même la loyauté du médecin mise en
doute : pour mieux gagner la gloire et l'argent, le docteur, s'il se méfie du pollen légitime, pourrait bien en prendre un autre,

le sien même. On a vu des dévouements plus beaux ! Mais le mari n'a qu'à rester sur le champ de son insuccès personnel.

Et puis... tout s'efface devant la noblesse du but. L'enfant est la fin du mariage. Qu'il naisse, c'est l'essentiel. C'était aussi la théorie de ce médecin qui pratiquait naguère la fécondation artificielle dans une Faculté catholique et qui portait le nom de l'insecte léger qui, se posant sur les roses, ne fait pas plier leur tige.

De cela, de ces hésitations, de cette condamnation faudrait-il conclure que les cardinaux de Rome, vieux poètes latins, se refusent à considérer une fonction comme une fonction et persistent à traiter celle-ci de noble, celle-là de honteuse, comme si toutes les fonctions n'étaient pas égales devant la nature ? Faudrait-il une Révolution pour anéantir ces privilèges des organes ? Et faudrait-il proclamer les Droits des fonctions, comme on a proclamé les Droits de l'homme ?

L'ACCOUCHEMENT ET L'ÉGLISE

La parturition, la naissance, l'accouchement ont toujours préoccupé l'Église, qui doctrinalement met la main sur l'homme avant même qu'il soit né. Le catholicisme n'attend pas, pour réclamer l'être, que la création crie sa terrible plainte par la voix de la femme qui accouche. C'est un point capital de notre croyance que les fœtus animés, aussi bien que les enfants nés viables, ont une âme dont les destinées sont immortelles. A ces espoirs de vie, s'ils ne doivent pas devenir des êtres vivants, le baptême est donc nécessaire. Cangiamila a composé un volume in-folio pour établir que l'âme s'installe dans le corps seize jours après la conception. Le « Manuel d'un jeune prêtre » affirme que l'âme fait son entrée vers le vingtième jour. D'autres, plus hardis, prétendent que l'instant de la conception crée à la fois le corps qui est la chape et l'âme qui est la broderie.

Donc le baptème doit être administré à tout fœtus en danger d'avortement.

Les « Analecta », répondant sur ce chapitre à une question, déclarent au nom du Saint-Siège que le prêtre comme le laïque a le devoir de passer par-dessus toutes les autres considérations pour administrer le baptème au fœtus, soit dans le sein de sa mère, soit hors de ce sein, et là-dessus les « Analecta » donnent des détails que le romancier naturaliste se croirait obligé d'envelopper dans le linge brodé de quelque phrase littéraire.

Craisson, qui est un théologien respectueux, va plus loin et ose écrire avec calme ceci :

« Lorsque le fœtus est si petit qu'on ne peut le baptiser à la façon accoutumée, on le met dans un plat ou une assiette et on verse de l'eau dessus en prononçant les formules voulues. Il faut au plus tôt retirer cette eau pour ne pas le noyer, puisqu'il n'est pas permis de le tuer. On ne deviendrait pas irrégulier toutefois si, par mégarde, l'enfant venait à décéder pendant cette opération, après qu'on aurait pris les précautions suffisantes pour éviter cet accident. »

Cela est le paragraphe 335 des « Notions de théologie » enseignées dans tous les grands séminaires. Et c'est par de tels enseignements qu'un jeune prêtre sans expérience peut être exposé à laisser dans toute une famille la haine de la religion. Les sacrements ne doivent-ils pas avoir un plus noble geste que celui qui fouille dans les détritus de la faiblesse humaine ? La religion consolatrice de toute douleur, ange pur penché sur nos maux, doit-elle traîner ses ailes dans des caillots de sang ? Le pasteur doit-il prendre le ton exalté de l'insulte à toutes les pudeurs ?

Le prêtre, cherchant les molécules perdues au sein du bloc sanglant, apparaît plus audacieux et plus impudique que le médecin du corps. Celui-là, au moins, ramène sur le ventre amolli de la mère le pli fuyant des couvertures. Selon la doctrine romaine, le prêtre, médecin de l'âme, devrait être impitoyable, sans délai : à l'heure où l'arc de la taille, autrefois si fier, se courbe sous la fatigue de la parturition, au moment où la douleur met au visage de la femme un fard de feu et une couronne de douleur, à ce moment il faut administrer le sacrement sans pitié jusque dans le sein de la mère :

« Aux approches de l'enfantement, dit Craisson (page 185), soit avec un siphon, soit avec la main, au moyen d'une éponge, on peut faire arriver l'eau jusqu'à l'enfant. Malheureusement, il peut être encore bien difficile de s'assurer que l'eau a touché la tête, et par conséquent le baptême peut rester douteux à ce titre. »

Et le théologien de conclure avec la sécheresse d'un légiste :

« Il est clair que le cas étant douteux, il y a obligation rigoureuse de conférer le baptême sous condition dans le sein de la mère, lorsqu'il y a un vrai péril que l'enfant ne meure avant d'en être extrait. »

Voilà ce que peut devenir, filtrée par les congrégations romaines, la religion qui, au pied du mourant, devrait porter le souffle du ciel et la caresse de Dieu.

Voyez ce spectacle, et il se voit souvent dans les campagnes : un vicaire de vingt-six ans, en qui fructifia l'enseignement sulpicien de Craisson, se tient dans la chambre où meurt une femme accablée et flétrie.

Avec des yeux de cratère allumé, il cherche à administrer son sacrement. Si le médecin empoigne l'acier froid et bleu, si les forces de la mère s'épuisent, si l'enfant n'arrive pas, le prêtre, symbole de mysticité, intervient parmi le brisement universel des organes, il se jette avec son eau et sa formule pour donner le baptème. Il oublie que toute brutalité peut tuer cette fleur délicate qui périt vite dans l'âme de la femme et qui s'appelle la foi. Il ignore que pour administrer douleusement un sacrement, il précipite dans la haine de l'Église toute une famille de vivants.

Mais s'il a fait de bonnes études, le jeune prêtre doit aller plus loin. Contrairement à la loi civile, en violation de la loi naturelle, le prêtre devrait conseiller l'opération césarienne par le premier venu à défaut de médecin ou de chirurgien :

« Tous les fidèles, dit Craisson, peuvent être dans la nécessité de procéder à cette opération... La mort étant constatée, on doit se hâter d'ouvrir le sein de la mère, de peur que l'enfant n'expire avant l'opération... A défaut d'un instrument plus propice, on se sert d'un rasoir. »

Craisson ajoute, il est vrai, que le prêtre ne doit pas faire cette opération, mais « qu'il a besoin de bien savoir ce qui concerne cette pratique, afin de la conseiller à tous les fidèles. »

Tel est l'enseignement officiel, non de l'Église, mais de certains séminaires pour l'heure où chez la femme la vie ne se trahit que par la souffrance, pour l'instant où la tête, d'une pâleur bleuâtre, entr'ouvre vers le ciel des paupières prêtes à tomber sur l'œil éteint.

Quoi! ce serait l'Église qui aurait toutes les impudeurs à l'instant même où la femme martyre réunit en elle toutes les pudeurs oubliées, toutes les modestes rougeurs enfuies ! L'Église, cette éternité, sur laquelle les jours ne posent pas leur nuance éphémère, descendrait ainsi à la précipitation que repousse le médecin, elle qui, à travers les souffrances, doit faire entrevoir le calme éternel, plongerait dans toutes les boues la main de son prêtre !

La grande imagination de l'Église, qui a été sa poésie, la mènerait-elle au sadisme ?

Et puisque Rome donne de tels enseignements, le catholicisme serait-il prêt à mourir
par la cime, comme un homme de génie
qui deviendrait gâteux ?

QUI FAUT-IL SAUVER? LA MÈRE OU L'ENFANT?

La sainte Inquisition, qui a tant fait parler d'elle à tort et à travers, n'est pas une grande morte couchée dans l'histoire. Ce tribunal, qu'on appelle le Saint-Office, siège toujours à Rome et prononce des jugements obligatoires, en conscience, pour les catholiques de l'univers.

Ladite Inquisition n'a plus de glaive, mais elle forge des réponses longues et étroites comme l'épée d'un camérier.

Pour le moment, l'Inquisition s'occupe beaucoup de médecine, et cela intéresse la France plus que tout autre pays. Car voici monter vers l'horizon toute une génération de médecins, professionnellement et officiellement catholiques. Le docteur cynique et sceptique, le type classique dans le roman, sera peut-être bientôt l'exception dans la réalité. Les Facultés de médecine catho-

lique, à Lille et à Louvain surtout, sont en
plein succès. Toute la Belgique et le nord
de la France ont déjà une majorité de docteurs *pieux*, dans la grande entente du mot.

Mgr Moureau, doyen de la Faculté de Lille,
a indiqué nettement l'avantage précis que le
médecin peut retirer d'une étiquette catholique placée sur ou sous la plaque profes-
sionnelle :

« La religion, dit Mgr Moureau, est pour
le médecin un bien infiniment précieux, soit
qu'il ait souci de son perfectionnement moral, soit qu'il veuille se rendre utile à ses
semblables dans le sens le plus élevé du
mot, *soit enfin comme puissant élément de
succès.* »

C'est net : le médecin, dont la carrière
est aujourd'hui fort difficile, trouvera un élément de succès dans la profession de foi
catholique. Il y trouvera une clientèle spé-
ciale et aussi le charmant reflet de cette
aurore céleste qui est la Sœur de charité.

Mais le médecin catholique est celui qui
obéit à l'Église, notamment au Saint-Office.
Donc, les décisions de ce tribunal prennent
une importance universelle et pratique.

Un débat très grave, qui fait trembler

toute famille attentive, est celui où la vie de
l'enfant futur est un obstacle à la vie de la
mère.

Ceux-là comprendront, qui auront une fois
dans leur vie assisté à ce spectacle :

Une femme reste étendue dans la douloureuse blancheur d'un lit. Un homme, qui est
le mari et qui va être le père, se tient debout. On n'entend plus ni vent au dehors, ni
mouvement au dedans. Et le médecin demande :

— Qui faut-il sauver, la mère ou l'enfant?

C'est ici le drame de la vie et de la mort,
le combat du jour et de la nuit, la bataille de
ce qui est et de ce qui sera.

Or, les médecins catholiques ont posé des
questions au Saint-Office, qui a tranché doc-
toralement, bien que les médecins soient
rares parmi les membres séniles de la survi-
vante assemblée.

Je donne les questions et les réponses :

— Dans le cas où la mère se trouve dans
un danger certain, qui pourrait être évité par
le sacrifice de l'enfant futur, est-il permis de
sacrifier l'enfant pour sauver la mère?

Rome a répondu :

— On ne peut pas enseigner dans les écoles

catholiques qu'il soit permis de pratiquer la *craniotomie* (c'est le nom de l'opération nécessaire dans ce cas), même lorsque, faute de cette opération, la mère et l'enfant périront tous deux, tandis que cette opération, en faisant périr l'enfant, sauverait la mère.

En un mot, il faut, selon le Saint-Office, laisser périr la mère et l'enfant futur, plutôt que de supprimer cette apparence, ce faux semblant de vie qui est le fœtus. La théorie catholique est que le fœtus vaut un être vivant. Comme si vivre ce n'était pas aimer et souffrir! L'enfant, dans le sein de la mère, ne peut ni souffrir ni aimer. Donc il n'est pas; il devient.

Afin de mieux préciser, l'Inquisition a étendu sa réponse à toute opération qui aurait pour effet la mort de l'enfant futur au profit de la mère.

Voici le cas : appelé à soigner une femme enceinte gravement malade, un médecin a constaté que l'état de grossesse est la seule cause du danger que court sa cliente. Pour la sauver, faut-il employer des moyens qui tendent non à tuer l'enfant, mais à l'amener vivant, quoique non viable, vu l'époque de la grossesse?

Et Rome a répliqué :

— Non, le médecin ne peut pas faire cette opération.

Mgr Moureau, grand maître des médecins catholiques, a éclairé la lanterne quand il a enseigné :

« Après ce décret, il n'est pas plus permis d'admettre en thèse cette opération que de la pratiquer même dans les cas exceptionnels.

» Il est superflu de dire, ajoute le prélat, professeur, que les médecins chrétiens, *de plus en plus nombreux à notre époque*, repoussaient depuis longtemps et en toute circonstance les opérations fœticides. »

Cette théorie, que les médecins catholiques appliquent tous, repose sur l'idée que l'enfant futur est aussi vivant que la mère, que les droits de cet être problématique sont égaux à ceux de l'être actuel.

Pour l'Église, l'être inachevé n'est pas le triste *ex-voto* pendu à l'autel de l'Amour; c'est un objet à baptême qu'il faut respecter autant que la mère, douloureuse et sanglante victime !

Même si la suppression de l'enfant futur est un assassinat, ne peut-on pas répondre aux théologiens que, commis pour sauver la mère, il devient une œuvre d'autorité et d'utilité publiques ?

Ne peut-on affirmer que les intérêts en jeu commandent le sacrifice de l'être moindre ?

Enfin, cet enfant qui ne vivra sûrement pas, mais qui doit devenir un instrument de mort, n'est-il pas injuste agresseur de la vie maternelle ? Ne convient-il pas de le supprimer par droit de légitime défense ?

Le droit de condamner à mort appartient à la société civile qui, Dieu merci ! en use par le magistère d'une douzaine d'imbéciles appelés jurés.

La magistrature d'une famille, d'un mari-amant, n'est-elle pas aussi sainte que celle du jury ?

C'est une page, belle à la manière d'un chef-d'œuvre qui aurait une âme, que celle où le docteur Dechambre répond aux théologiens, enveloppés dans leur manteau de neige pour la froideur, sinon pour la pureté :

« Dans cette heure suprême, crie le maître, on pèse d'une main la masse inerte, ébauche à peine commencée, et de l'autre, la mère de famille en pleine activité sociale, source des affections les plus pures, centre des plus chers intérêts. Sentant une énorme différence entre les deux, on ne raisonne plus; on ne consulte ni Liguori, ni saint Ambroise. On se rend à la voix d'éternelle justice, qui vous crie de sacrifier l'enfant. Et cette voix, c'est la conscience du genre humain. »

Par cette voix, comme par un clairon d'or pur, passe la noble sonnerie d'une âme vraiment humaine, et je crois que le médecin parle ici mieux le langage de la Religion que les vieux prêtres penchés sur les cornues, dont ils ignorent le maniement.

La rhétorique de l'Inquisition se fane et se flétrit en face de la douleur et de la vie : l'opération nécessaire n'est pas l'assassinat d'un être futur, c'est la guérison d'un être complet, c'est le salut d'une mère qui, bientôt, pourra reprendre le poème de la création et refaire de la vie, avec son être sauvé?

Barbare la religion qui ose dire :

« Ne sauvez pas la mère, quand on sait que sans opération la mère meurt et l'enfant aussi ! »

Barbares ceux qui nient le droit de vie de la femme, au profit de cette chose sans nom encore, qui exhale ses poisons homicides dans la coupe funèbre faite du sein de la mère !

Quel est celui des théologiens, forts en décisions, qui oserait apprendre à l'enfant, né de la mort de sa mère et arrivé à l'âge d'homme :

« Votre naissance, mon enfant, a coûté la vie de votre mère. Il a fallu assassiner celle qui vous a donné le jour pour que vous arriviez à ce jour dont la nature ne voulait pas pour vous ! »

Mais, je me trompe, le théologien n'aura pas cela à dire, puisqu'il proclame le devoir de laisser mourir la mère au profit d'un problématique enfant, qui ne pourra vivre.

Ce seront sans doute de grands et probes savants que les médecins chrétiens de la nouvelle école. Mais ils feront bien de ne pas aborder les lits où souffrent des mères, tant qu'ils n'auront pas guéri de la monomanie du *tout-savoir* les vieux théologiens qui, là-bas, dans les ruines romaines, prophétisent sur la médecine comme des figurants de Molière !

LA FOLIE ET LE DIVORCE

La loi et la justice, ces deux porteuses d'affirmations, semblent hésiter et trembler chaque fois qu'elles penchent leurs textes et leurs arrêts sur cet abîme qui est la folie.

Au fond de cet abîme toute l'humanité ne pourrait-elle pas tenir?

Au criminel, la justice passe et exécute; et elle a raison, car elle préserve, plus qu'elle ne juge. Le chirurgien qui coupe un membre gangrené ne s'attendrit pas sur cette jambe ou ce bras perdu, quand il s'agit de sauver tout l'être.

Au civil, l'affaire est plus délicate. Quel est le devoir de celui qui se croit sain d'esprit, vis-à-vis de celui que le monde et la science appellent fou ? La folie de l'un des époux est-elle une cause de divorce ?

La loi est muette; mais les tribunaux

doivent, à chaque audience, parler, quand les textes se taisent. Cela s'appelle, en langage de robe, interpréter le Code.

Dans deux cas très voisins et très semblables, deux tribunaux de France ont rendu des jugements contradictoires qui ouvrent le débat.

Le tribunal de la Seine a prononcé, sans enquête ni retard, le divorce contre un mari qui est possédé de la folie du déplacement : cet homme s'engage pour voyager, déserte pour voyager, se ruine en installations variées entre Bruxelles et Constantinople, Rome et Vienne, Pétersbourg et Tanger.

C'est la folie incontestée. Certes en accordant à la femme la liberté qu'elle demande, le tribunal ne prononce pas le mot. Il parle d'abandon, de ruine, de santé, d'injures graves. Mais de tous les attendus réunis en gerbe, sort une étincelle de folie qui embrase le jugement et l'éclaire.

Si M. X... n'avait pas eu le malheur de se montrer aliéné, sa femme n'aurait pas eu la joie de rompre les bandelettes légales du mariage.

A Marseille, c'est une autre antienne :

Mme M... donne tous les signes de cette

folie qu'on appelle la manie de la persécution. Elle accuse son mari, ses enfants, ses domestiques de vouloir l'empoisonner. Elle en parle à quiconque. Elle dépose des plaintes contre sa propre mère qu'elle soupçonne des plus sombres projets à son égard. La mère quitte la ville, les domestiques rendent leur tablier, les enfants se réfugient chez une parente. Le mari demeure.

Il demande l'internement de sa femme. On lui refuse cette faveur, parce que Mme M... ne fait de mal à personne, parce que sa folie est douce, sans danger pour les voisins, toute en paroles, sans gestes.

De mariage las, le mari demande le divorce. Et, par un jugement très motivé, le tribunal refuse. « Attendu, dit-il, que le premier devoir de l'époux est de soigner sa femme dans les maladies de l'esprit comme dans les maladies du corps... »

Là-dessus, médecins et philosophes commencent à discuter : la folie, demandent-ils, ne pourrait-elle pas être officiellement une cause de divorce, puisque certains tribunaux se cachent derrière des prétextes et admettent cette maladie au triste bénéfice des injures graves? Où commence la folie? C'est la première question qui embarrasse les spécialistes.

Sans s'arrêter à la réponse des plaisantins faciles qui affirment qu'elle met son initiale le jour où l'on pense au mariage, il est certain que la science actuelle n'a pas même commencé la carte de ce triste royaume.

Dans le temps et dans l'espace, ses frontières sont incertaines. La folie peut être d'un moment. Elle peut se produire en un acte unique, en une agitation de quelques secondes, qui jamais ne recommencera.

Le prince de Bismarck, cet homme dont la tête semblait avoir sur les épaules le magnifique équilibre du rocher dans la plaine, le chancelier de l'Empire racontait volontiers une heure de folie qui avait sonné dans sa jeunesse et qui avait failli sonner sa mort.

Alors qu'il était étudiant, il avait passé huit jours et huit nuits à préparer un examen. Pour ce travail il aurait fallu une année. Mais Bismarck avait employé onze mois et vingt jours à se battre, à boire et « à faire des folies », selon son expression.

Le jour de l'examen, il était prêt et il n'avait rien bu (il l'affirme dans sa lettre).

Quand il fut dans la salle où il devait être

appelé à son tour, une envie le prit, irrésistible, plus forte que sa volonté, de faire le tour des toits de l'Université. Il grimpe au grenier, passe par une lucarne dont il brise la vitre et se promène, pendant une heure, le long des gouttières. La promenade dure six heures au bout desquelles il aperçoit les professeurs et les élèves dans la cour, qui sortent de la séance. Il reprend le chemin de la lucarne, descend et constate qu'il a été rayé sur le tableau de l'examen, comme absent.

« C'est la véridique histoire de ma journée de folie, conclut le futur chancelier dans la lettre inédite où il raconte l'incident. Depuis lors, j'ai fait bien des folies, par ivresse ou autrement. Mais jamais je n'ai été fou, dans le sens absolu du mot, que pendant les six heures où j'ai parcouru les gouttières de l'Université. »

M. Thiers, lui aussi, debout devant la cheminée, raidi dans sa cravate, grandi par les pointes de danseuse qu'il faisait, afin de dominer ses invités, aimait à raconter un moment de folie qu'il avait traversé: tout nu, nu comme une académie, il avait posé devant sa glace pour la statue de Diane qu'il croyait être. Cette illusion avait duré une heure ; après quoi, il avait passé l'habit pour aller à l'audience du roi Louis-Philippe.

Toute une école de médecins affirme qu'il n'y a pas un seul homme pensant, qui n'ait traversé la folie au moins pendant quelques instants, c'est-à-dire qui n'ait cessé d'être responsable, et cela d'une façon absolue.

La folie, admise comme une cause de divorce, serait-elle limitée au cas assez précis où elle devient dangereuse pour la vie de l'autre époux et de ses enfants, au cas plus incertain où elle tourne au scandale ?

La solution humaine et juste ne serait pas plus facile à trouver.

La plus grande lâcheté n'est-elle pas d'abandonner le compagnon de la route au moment où il a le plus besoin d'être soutenu ? Il y a quelque chose d'odieux dans cette hypothèse qu'un homme et une femme unis dans le bonheur doivent être séparés par l'infortune physique ou morale de l'un des deux.

Souvent, la folie crée la haine: le malade ou la malade se prend de répugnance ou de dégoût pour l'associé de sa vie. Cela même ne peut légitimer la rupture du lien, la rupture définitive et sans espoir. La séparation momentanée est un remède; le divorce est alors un crime. Il semble cruel de sacrifier tout le bonheur et toute la jeunesse d'une femme à la vie d'un homme qui, jamais peut-être, ne connaîtra ni n'appréciera le sacrifice.

Le liseron léger doit-il périr, parce que l'arbre où il s'appuie reste desséché, sans feuille et sans sève ?

La souffrance invincible de l'un doit-elle causer le malheur éternel de l'autre ? Si la réponse est négative, le mot de *dévouement* doit être rayé de la langue matrimoniale. Mais, au nom de l'humanité, il y a peut-être dans la folie doublée de haine, dans la folie qui sépare pour toujours, un motif de divorce. L'être valide a-t-il le droit de renoncer à se reproduire, à créer, parce que le compagnon ne peut plus être l'associé de cette création ?

Plus encore : le devoir conjugal, le droit du mari et de la femme subsistent, au moins d'après la loi civile, tant que le mariage dure. Voyez le supplice éternel, la douleur sans nom d'une femme qui, à tout instant, peut craindre de porter en elle le fruit non de l'amour, mais de la folie.

Le droit de l'enfant à naître créerait le droit au divorce, ici comme en d'autres aventures. L'Église catholique, très prudente, admet l'exception de folie pour le devoir conjugal. Elle a prévu le moment où l'un des époux ne doit plus être que le garde-malade de l'autre, mais il doit être cela avec l'absolu du sacrifice. Le Code civil, plus moderne et plus sauvage, n'admet aucune exception à la dure loi du geste obligatoire. Le divorce est alors le seul remède, le remède assassin.

Malgré cette vision de l'enfant fou par la faute de la loi, il est peu probable que l'aliénation soit cause de divorce.

Quand le Code aurait enregistré ce mode nouveau, il arriverait souvent que le mari pervers ou la femme méchante (l'un et l'autre modèles sont taillés dans l'humanité) chercheraient à affoler le partenaire ennemi pour obtenir le droit à une plus joyeuse union.

La conclusion est que l'institution de la famille fait une évolution dont on n'aperçoit pas le résultat : le mariage malheureux était, jadis, une fosse dont on ne pouvait jamais sortir, quand on y était tombé. Il ressemble, aujourd'hui, à une prison dont la Révolution n'a pas ouvert encore les grandes portes,

mais dont les fenêtres sans barreaux laissent
échapper les plus habiles à sauter, les plus
agiles à glisser le long des murs. Le dernier
mot du féminisme triomphant sera de proclamer l'union libre au lieu du mariage
forcé. Ce jour-là, les portes de la prison ne
seront pas encore ouvertes, mais le vieux
Mazas sera détruit, et nous verrons partout se
dresser de riantes geôles aux volets verts,
aux jardins fleuris, au personnel sans cesse
renouvelé : ce sera le Fresnes de l'amour.

LES POSSÉDÉS ET L'ÉGLISE

Sans plaisanteries faciles, faut-il qu'une bonne catholique croie aux possédées, aux exorcisées, aux démoniaques ? Faut-il qu'elle soit condamnée à voir le diable pour toujours dans l'autre monde, si elle n'a pas admis sa présence réelle ici-bas ?

Le diable, ou plutôt les diables, sont très encombrants dans l'Église romaine. Aux époques d'ignorance, on attribuait à leur action ce qui arrivait de mal, au-dessus du vulgaire entendement, comme on prêtait aux saints, sous le titre de miracles, les évènements inaccoutumés et heureux.

La Congrégation du Saint-Office, à Rome, présidée par le pape, a le diable dans son département. Pour être catholique, il faut croire aux *possessions*, comme il faut croire aux *miracles*. Seulement, l'obligation de

8.

croire au principe vous laisse libre de discuter les exemples. Vous pouvez être excellente catholique et nier le miracle de La Salette. Vous pouvez être une sainte et ne pas donner foi à Lourdes même.

Ce qui est certain, c'est que le Saint-Office en est sur les possédées au point où commence la prudence. Tant que l'Église eut le pouvoir temporel ou fut l'alliée du pouvoir temporel, on prit avec le démon peu de ménagements. On employa les moyens actifs pour couper les discussions : chaque personne soupçonnée de commerce avec Satan fut proprement brûlée : le feu purifie les corps.

Il y a toute une bibliothèque sur les possédées. Le sujet reste inépuisable. Vingt-cinq journaux ou revues paraissent, qui s'occupent de cela uniquement, et leur prospérité reste grande. Mais il est une œuvre qui résume avec goût les opinions et la jurisprudence sur le débat au dix-septième siècle, dans la fulgurence du Soleil-Roi. Pierre de Lancre, conseiller au Parlement de Bordeaux, fut chargé à cette époque de réprimer les *possessions* dans le sud-ouest de la France. Il s'appuya simplement sur le principe évangélique : « Tu ne souffriras pas que les màu

vais vivent »; et il fit exécuter sans merci
quelques centaines de sorciers, de possédés,
de voyants. Puis il écrivit la théorie de sa
doctrine sous un titre charmant :

*Tableaux de l'inconstance des mauvais
anges et démons.*

Son livre est de la dernière rareté.

Tout a baissé depuis le temps de Pierre
de Lancre : certes, il y a des catholiques com-
pliqués, qui croient en Dieu pour avoir le
plaisir de croire au diable.

Mais l'autorité religieuse est très réservée
sur le sujet : en France, Mgr Méric, qui vit
encore, s'est occupé le dernier de la démo-
nialité avec la grâce attachée à l'enseignement officiel. Il a exposé en Sorbonne des
choses curieuses. Il les enseignerait encore
si la Faculté nationale de théologie n'avait
pas été fermée. Il survit à sa chaire brisée
et donne son temps à ces études délicates.
Léon XIII pensa au diable, quand il
(Léon XIII) s'ennuyait dans le vieil évêché de
Pérouse. Il publia un mandement sur le démon, la possesion et le magnétisme. Ce sont
là paroles d'homme mort, sans caractère d'infaillibilité. Elles valent pourtant d'être ré-
sumées par la science du personnage :

« L'abus du magnétisme présente de graves inconvénients au point de vue de la paix des familles, de la moralité et de la foi.

» Si nous demandons à un sujet de nous faire connaître l'avenir, nous pouvons obtenir des réponses justes, et nous sommes alors en présence d'un phénomène extranaturel. Nous pouvons aussi obtenir des réponses fausses, et nous sommes en présence d'un charlatan.

» Ce qui est dit ici des magnétisés s'applique, à plus forte raison, aux possédés. »

A une date plus récente (le 26 juillet 1899), un médecin a demandé au Saint-Office si un savant catholique peut s'occuper du diable et prendre part à des expériences.

Le pape a répondu par la bouche ronde du Saint-Office :

« Ou ce sont des faits qui dépassent certainement les forces de la nature ; et c'est défendu. Ou on doute que les faits dépassent ces forces, et alors on peut tolérer (que vous vous en occupiez), après avoir protesté que vous ne voulez avoir aucune part dans les faits préternaturels et à la condition qu'il n'y ait pas danger de scandale. »

Le savant Mgr Catène, gardien du sérail, vieilli des décisions romaines, pourrait seul nous dire s'il y a des arrêts plus récents et plus précis que celui de 1899. Mais on en doute. Car le mot d'ordre semble être le silence sur ces débats.

Dans une lettre manuscrite, Mgr Freppel en donnait la raison :

« Nous ne devons, en tant que catholiques, avoir aucune relation volontaire avec les démons... Nous, qui croyons en Dieu, ne connaissons pas les forces que Dieu a mises dans la nature et celles dont il a constitué l'homme le dépositaire inconscient. »

Cette prudence, cette diplomatie, cette pesée des mots après les hardiesses du passé s'explique par une double cause : la possession démoniaque est la grappe noire parmi les grappes d'ambre, qui sont les miracles. L'Église veut ne pas être en contradiction violente avec la science, et nul ne sait où va la science. Court-elle à la faillite dont parla M. Brunetière ? Le miracle va-t-il mourir dans le progrès comme le soleil s'éteint dans la mare ? Ou, au contraire, la science absolue se mettra-t-elle en harmonie avec la foi dans les interventions célestes et démoniaques ?

On ignore ce demain, et l'Église parle le

moins possible du diable, de ce grand être décharné auquel furent suspendus les orgueils, les désirs, les terreurs et les ruts de l'univers.

Ce qui est gênant, c'est qu'un catholique ne peut pas s'inscrire en faux contre le principe de la possession démoniaque, sans s'inscrire en faux contre l'Évangile, contre le livre écrit par Dieu, selon notre croyance.

Les évangélistes disent que certains hommes étaient tourmentés par le diable : « Ils avaient en eux les démons. » Saint-Matthieu ajoute en propres termes que Jésus-Christ chassait d'eux les malins esprits. Enfin, Jésus, d'après l'Évangile de saint Marc, a donné aux apôtres le pouvoir d'exorciser. Ce pouvoir serait une illusion, une ironie, s'il n'y avait pas possession. Tertullien a traité le sujet avec ampleur, éloquence et exemples à la rescousse.

Ce qui est certain, c'est qu'il y avait, jadis, beaucoup de possédés et qu'aujourd'hui les exemples deviennent très rares. Les théologiens répondent à cette objection que, jadis, il y avait beaucoup d'hommes vertueux et que, maintenant, il y en a très peu, ce qui ne mène pas à nier la vertu.

L'Église, en pratique, ordonne un examen sérieux et long de toute personne qui paraît possédée. Il faut lui rendre cette justice qu'elle intervient seulement après l'échec formel et avoué des médecins appelés. Les rites et les paroles de l'exorcisme déroulent leur solennité quand la moisson humaine est finie sur la terre malade et n'a donné aucune récolte. L'exorcisme est une jolie fête des yeux et de l'esprit.

Ce qui est acquis, aujourd'hui, c'est que l'Église catholique maintient absolument sa théorie de la possession démoniaque.

Il est intéressant qu'aux yeux d'hommes prudents et rompus à la discussion, le diable reste la plante hiéroglyphique, en fleur depuis deux mille ans, et que Satan apparaisse encore comme une tige noire dans le jardin de cette Église romaine, où tant de pieux parfums s'échappent des claires corolles.

DE L'EXORCISME A LA DOUCHE

De temps à autre, les couvents de province ont une possédée. C'est une curiosité et un honneur dont certaines supérieures sont fières. Si l'évêque est un sage, l'affaire s'arrange vite et sans bruit. La possédée part vers d'autres cieux et guérit sans éclat. Mais la moindre imprudence de l'autorité religieuse peut mettre toute la presse en émoi. Quant à l'évêque prudent, il est blâmé, tout bas, le soir, à la veillée, par les vicaires zélés : « Autrefois, disent les jeunes abbés, cela ne se serait pas passé ainsi ».

Les fièvres de nuit, les ardentes insomnies ne sembleront jamais naturelles à des êtres sains et robustes. Allez dire à ces braves abbés que si la fausse science est dangereuse, la fausse foi est mortelle. Allez leur raconter que le doute est parfois plus chrétien que les élans ascétiques. Et vous serez reçu comme un déchet de Voltaire tombant sur un autel.

Le diable obscurcissant les jours et clarifiant les nuits d'une jeune fille, c'est esthétique. Le diable toisant Dieu dans une âme de vierge, c'est poétique. Et l'on craint que la beauté et le rythme de l'Église soient, aux yeux de certains, réfugiés dans les basses superstitions.

Certes, aucun catholique ne nie la possibilité de la possession. Mais les faits de possession sont tous discutables et la plupart sont superbement faux.

Les amis du merveilleux à outrance jetteront, n'en doutez pas, à la figure de l'évêque sage et prudent l'épithète la plus insolente de leur répertoire :

— Évêque moderne ! diront-ils.

Pour ceux-là et pour la vérité, il est intéressant de montrer que l'Église, aux heures de son éclat le plus officiel, a eu grande méfiance des folies féminines et que certains décrets religieux des dix-septième et dix-huitième siècles pourraient être signés par les médecins les plus avancés en actualité.

A la fin de décembre 1700, alors que le dix-huitième siècle et ses doutes philoso-

phiques étaient encore au berceau, le pape
faisait écrire à l'évêque d'Iési :

« Donnez aux religieuses de l'Annonciation
(qui avaient une épidémie de possession), don-
nez-leur un confesseur extraordinaire, prudent, pratique, circonspect... Vous pourrez
aussi employer le Père Giovanino, capucin que
vous croyez propre à calmer les femmes et qui
possède toute la confiance des religieuses. »

Il n'était donc pas question d'exorcisme :
un confesseur extraordinaire, un homme
habitué aux difficultés de la vie, un prêtre
pratique, voilà ce que conseillait le pape.

Vers la même époque, un savant cardinal
Gotti (plus moderne peut-être que le Gotti
d'aujourd'hui), écrivait :

« Les obsessions diaboliques trouvent parfois leur seul appui dans les dispositions des
sujets ou dans leurs passions hystériques ou
naturelles. »

Sauf le mot *passion* voisinant avec celui
d'*hystérique*, cette phrase pourrait être signée
par un professeur de Faculté en 1904.

C'est encore au matin du dix-huitième
siècle que le pape envoie à l'archevêque de
Milan cette instruction qui devait être écrite
à la porte des couvents actuels :

« Continuez les prières (ici un très bel éloge de la prière). Mais en même temps, réfléchissez sérieusement au confesseur ordinaire du monastère.

» Surveillez attentivement la conduite de ce prêtre. Nommez, si vous le croyez nécessaire, un autre confesseur plus prudent, plus éclairé, plus capable de pénétrer avec douceur et sagacité les cœurs des religieuses, les passions particulières que chacune des prétendues énergumènes peut avoir, en consultant même les parents pour cela.

» Sachez si elles n'ont jamais eu ou ne sont pas actuellement prises d'amour profane;

» Si elles ont eu l'habitude de fréquenter les parloirs du monastère et si elles ont des correspondances avec des séculiers;

» Si des séculiers n'ont pas l'habitude de se promener le jour et la nuit autour du monastère;

» Si les pauvres possédées ont le renom d'être capricieuses ou futiles;

» Si elles ont jamais témoigné du repentir d'avoir adopté la vie religieuse;

» Si leurs inquiétudes peuvent dériver de passions mondaines ou bien d'effets nerveux

et naturels. En ce cas, les faire examiner à
fond par plusieurs médecins d'âge avancé et
de moralité certaine.

» Enfin, surveiller les domestiques qu'on
a coutume de faire entrer dans le monastère
pour les services manuels. »

Quelle connaissance des femmes, quelle
longue étude des agglomérations marque ce
document! La science la plus ingénieuse
d'un juge d'instruction qui serait un savant
par surcroît ne pourrait pas y ajouter une
ligne.

Si l'enquête prescrite dans le document
vieux de deux siècles est sainement faite par
des enquêteurs désintéressés, il n'y aura pas
beaucoup d'exorcismes, mais il y aura un
grand nombre de traitements médicaux de
par le monde des cloîtres féminins.

Il serait d'ailleurs infime et indélicat de
reprocher aux sœurs ces exagérations ner-
veuses, ces agitations de la pensée en exas-
pération. C'est le petit inconvénient d'une
éducation qui a des avantages très grands.
L'enflure extrême de la délicatesse n'est pas
plus déplaisante que la contorsion donnée à
certains chrysanthèmes par les horticulteurs
trop habiles.

Si les religieuses étaient des fleurs d'églantiers, elles traîneraient le long des chemins.

Les fleurs précieuses des serres bien ordonnées sont toujours exposées aux accidents du surchauffage. Si quelques tiges se flétrissent, parce qu'elles manquent de suc et d'énergie vitale, parce qu'elles ne peuvent pas résister à la chaleur du local, est-ce une raison pour jeter la corbeille où se dressent tant de têtes élégantes et droites ?

Parce qu'une lampe file au fond du sanctuaire, il ne faut pas renverser tous les chandeliers de l'autel.

Mais parfois il faut oser remplacer les crucifix tendus et les crosses brandies, par le jet en lance ou la pomme d'arrosoir.

C'est plus catholique ainsi, parce que le catholicisme n'a rien à gagner aux fantaisies et aux emballements exagérés.

Quand une religion descend du ciel par une échelle de dix-neuf cent quatre marches, elle a le droit d'être calme en ses augustes mouvements.

LE BAPTÊME ET L'HYGIÈNE

« Les Français ont cela de singulier que les affaires de religion sont pour eux des affaires d'État, et que les affaires de l'État passent par l'opinion religieuse, » écrivait Abraham Lincoln, dans une lettre inédite du 28 juin 1863. L'encre de cette lettre a pâli jusqu'à l'effacement, cette mort des verbes. Le papier vert d'eau a pris la teinte des feuilles tombées depuis longtemps : les feuilles des arbres, les feuilles de papier se ressemblent, quand les hivers les ont flétries. Mais la pensée d'Abraham Lincoln garde la fraîcheur d'une actualité renouvelée, dans le grand et dans le détail.

Le Conseil d'État ne s'est-il pas occupé d'une déclaration comme d'abus, pour un baptême ?

En deux mots, voici l'affaire : le curé de X..., voyant arriver dans son église un cor-

tège avec le bébé tout blanc, le père tout
solennel et la suite tout endimanchée, a
gourmandé la personne qui portait l'enfant
et l'a proprement mise à la porte. La victime était une sage-femme, dont l'épithète
pouvait difficilement se placer après le nom.

Le curé fut poursuivi. La sage-femme lésée
dans la fragilité de son honneur a poursuivi
l'aventure devant les tribunaux, obtenu des
dommages-intérêts, habituel ciment de la
vertu fêlée.

Les *précédents*, ces ancêtres des arrêts,
parlent en termes précis : le curé est obligé
d'accepter quiconque lui présente l'enfant,
sous peine d'appel comme d'abus. Un arrêt
du 24 décembre 1828 fixe la jurisprudence,
« parce que cette personne ne participe pas
à la cérémonie, parce qu'aucune règle cano-
nique ne laisse au curé le choix des personnes ».

Par contre, le Conseil d'État, antisémite
d'avant la lettre, a décidé (28 mars 1831)
qu'il n'y a pas d'abus quand le curé refuse
un parrain ou une marraine israélites.

Plus récemment, l'administration civile
eut à examiner les arrêtés de plusieurs
maires qui avaient interdit aux parents de

présenter leurs enfants au baptême, avant
l'inscription à la mairie. La loi est muette
sur ce point, elle qui a des exigences pour le
mariage civil, obligatoire avant le mariage
religieux !

Le petit catholique naissant est encore un
objet de conflit, entre le laïque et le clerc,
pour le choix de ses prénoms. La loi civile
du 1er avril 1803 a décidé que les parents
peuvent donner aux enfants les noms inscrits
sur les divers calendriers et ceux que portèrent les personnages illustres de l'histoire
ancienne. Les Marius, les Brutus, les César,
les Iphigénie, les Melpomène, les Eurydice
sont d'une légalité magnifique. Mais l'Église
n'admet pas ces profanes personnages. D'où,
conflits quand les parents ont mauvaise
volonté et le curé mauvais caractère.

L'hygiène moderne, représentée par le
corps médical et le conseil supérieur, se
préoccupe aussi du baptême. Une lettre de
Léon XIII a rendu même cette préoccupation
active. Le pape n'admettait aucun retard dans
la célébration du baptême :

« Il n'y a rien de plus inique, écrivait-il, que
cette coutume, ni de plus contraire aux
règles ecclésiastiques... Du fond de notre

cœur nous désapprouvons et exécrons ce détestable usage, aussi impie envers Dieu qu'envers les hommes, partout où il est malheureusement pratiqué. »

Une foule d'évêques se sont empressés de prendre des ordonnances à la suite de cette lettre. Parmi eux, Mgr Foucaux, évêque de Saint-Dié, aux sentiers glacés, évêque un peu poète et tout à fait chevelu. Il faut ajouter que l'évêque a laissé entière liberté à ses curés pour l'emploi opportun de l'ordonnance. Voici comment la comprend celui de Val-d'Ajol, « avec approbation de Monseigneur » :

« A partir du 1er février 1903, il sera interdit dans la paroisse d'annoncer par le son des cloches le baptême des enfants, non ondoyés, qu'on nous présentera aux fonts du baptême après le dixième jour qui suivra la naissance, si ce dixième jour est un dimanche, et après le dimanche qui suivra le dixième jour, si ce deuxième jour après la naissance n'est pas un dimanche. »

La lettre du pape fait ainsi son chemin. On pourrait citer cent exemples de décisions analogues à celle de Saint-Dié. Les moyens diffèrent. Mais le but reste le même : hâter le baptême des enfants. Au Val-d'Ajol, pour rester dans l'exemple choisi, il y a des fermes séparées de l'église par huit kilomètres. Voyez en plein hiver un pauvre petit être qui n'a pas dix jours d'âge, promené parmi les vents des vallons. C'est la mort sans phrase. Je sais bien qu'il y a l'ondoiement, ce baptême provisoire et à domicile pour les enfants trop faibles. Mais l'ondoiement est une exception, surtout dans les campagnes où le peuple tient à la gaieté des cloches, à la joie flambante des cierges, à la promenade dans le village en cortège. Il n'y a que les petits bâtards qui soient baptisés sans fête et sans cloche. Car l'Église, cette grande égalitaire, cette mère naturelle des anarchies modérées, a fait tant de chemin à travers les siècles depuis la mort de Jésus qu'elle n'a pas le même baptême pour les enfants naturels et pour les produits légitimes du mariage ou de l'adultère.

L'Église oublie-t-elle qu'elle fut instituée par le divin Nazaréen, par celui qui caressait chastement l'or liquide des cheveux de la fille perdue ? La Congrégation romaine du Concile l'a certainement oublié, quand elle a rendu cet odieux décret :

« Les enfants issus d'une union illégitime ne peuvent être baptisés à l'église avec la pompe et les solennités extérieures en usage pour le baptème des enfants légitimes. »

Pharisiens, tous ces prélats simoniaques qui oublient les lois de Dieu pour marquer d'une honte le berceau de l'innocent !

Et les petits qui ne sont pas baptisés dans les dix jours seront traités à la manière des bâtards. Les paysans des provinces catholiques préféreront à cette honte la mort des enfants dans l'église froide, dans la chapelle humide et vierge de tout calorifère.

La lettre pontificale ne courait sans doute pas à ce but. L'auguste vieillard savait combien la réclusion volontaire conserve.

C'est une règle de l'hygiène moderne que l'enfant ne soit pas exposé aux variations de température pendant les premiers mois de la vie. Exiger le baptème dans la huitaine, c'est retourner aux temps abolis où le Parlement de Paris réglementait les sacrements. Un édit de 1698 avait ordonné aux parents de faire baptiser à l'église tous les nouveau-nés dans les vingt-quatre heures de la naissance. Ce règlement exécuté en rigueur décupla la mortalité des enfants. Le roi s'émut et le rapporta. Le Parlement avait au reste une excuse: les actes de baptême étaient alors les seuls actes d'état civil.

Il a, d'ailleurs, fait du chemin le baptême depuis l'Église primitive, depuis l'eau du Jourdain, remise à la mode ces temps derniers par les haines politiques.

Autrefois, le baptême était un grand bain où le patient trempait tout entier. Et il en fut ainsi, au moins de générale façon, jusqu'au quatorzième siècle. Aujourd'hui, c'est une goutte d'eau sur la tête, c'est le chrême, c'est le sel, ce sont les prières rituelles allongées, écartées de la noble simplicité.

Pourtant, Rome séduite a déclaré que les fautes de latin dans la formule même ne nuisaient pas au baptême. Et ce décret a été rendu en faveur des Polonais patriotes qui involontairement ou volontairement disaient:

— *Ego, te baptizo, in nomine Patriae*, etc., etc.

Patriae, au lieu de *Patris*. « Je te baptise, au nom de la Patrie... »

C'était si beau que ce fut toléré.

Autrefois, le prêtre seul pouvait baptiser.

Aujourd'hui, n'importe qui peut donner le sacrement en cas d'urgence, — même un infidèle. Les décisions du canon 19 des apôtres, les ordres du pape Eugène IV sont ainsi annulés!

Autrefois, le baptême n'était donné que deux fois l'an : les jours de Pâque et de Pentecôte. Maintenant, il faut baptiser tous les jours.

Enfin, autrefois le baptême était gratuit... Mais saint Pierre, chef des apôtres et premier pape, serait purement excommunié s'il revenait en ce monde, lui qui baptisa d'un seul coup et d'une seule aspersion, trois mille personnes. La Congrégation des Rites lui ferait une belle affaire pour cela... et pour d'autres causes très nobles.

LA CUISINE DE LA SAINTETÉ

Vue de loin, l'Église canonisante est l'expression la plus haute de l'Église triomphante. Ils accumulent les lourdes gloires de la responsabilité, les hommes qui osent dire d'un autre homme : Celui-là est un saint. Cette proclamation est deux fois plus orgueilleuse que celle de l'homme qui ose juger, condamner et châtier son semblable, sous prétexte qu'il le croit coupable.

Mais la beauté du spectacle diminue, si l'on ose regarder de près ce que l'on admire de loin.

L'Église se défend avant tout de faire des saints : elle leur donne seulement l'authentique, la marque de fabrique qui permet à ces pieux défunts d'avoir sur terre un autel comme ils ont un tabouret dans la cour céleste.

La Congrégation, ou ministère des Rites, a la charge, l'honneur et le magnifique profit de ces procès. Car, s'il faut aimer et pratiquer la pauvreté pour être saint pendant sa vie, il paraît nécessaire, d'avoir des commanditaires très riches pour être sanctifié après sa mort.

Une canonisation coûte plus de *deux cent mille francs*, ce qui permit à un prélat de dire après le procès de saint Benoît Labre, le mendiant : « Le plus étonnant miracle accompli par ce pauvre est d'avoir trouvé l'argent nécessaire à sa canonisation. »

Les frais sont acquittés par un État, un Ordre religieux, un diocèse. Quand une famille veut à elle seule payer l'auréole d'un de ses membres, elle risque de mourir de faim avant le succès. Le prince Falconieri demanda ainsi la canonisation de sainte Julienne, sa parente. Et le soir de l'illumination de Saint-Pierre, pendant que le peuple de Rome célébrait la fête, le vieux patricien ruiné réunit ses enfants et leur dit : « Soyez désormais des anges, mais pas des saints, cela coûte trop cher. »

La taxe n'est en rien mystérieuse. Elle a été publiée par ordre de Benoît XIV, et

n'occupe pas moins de vingt feuillets grand
in-4°. Elle est insérée dans le grand ouvrage de 1741, intitulé : *De la béatification
et de la canonisation des saints.*

Urbain VIII a réglé la marche du procès :
l'évêque local fait une première instruction
qu'il transmet à la Congrégation des Rites
sous pli cacheté. Pour ouvrir ce pli et les
plis suivants, il faut un décret des Révérendissimes Pères. L'évêque choisit un postulateur prélat qui n'a pas de traitement, mais
accepte un cadeau. Le postulateur choisit un
avocat qui touche des honoraires.

Tous les écrits du candidat sont recher-
chés et réunis : la moindre erreur contenue
dans une lettre suffit à écrouler l'affaire.
C'est ainsi que le procès de M. Olier, fondateur des Sulpiciens, est en actuelle dé-
route. Le Père Lainez, jésuite, a manqué sa
vocation de saint parce qu'on n'a jamais pu
déchiffrer les manuscrits de cette sage et
prudente personne d'Église.

Le premier examen se résume en un rapport imprimé de 400 pages. Ici intervient le
promoteur de la foi, ou avocat du diable, qui,
tout le long du procès, lèvera des objections
et touchera 2.400 francs par an. La Congré-

gation, réunie, entend l'avocat et le promoteur. Si l'avis est favorable au candidat, le
pape déclare vénérable le serviteur de Dieu.
Alors commence la série des procès apostoliques divisés en deux parties : la discussion
générale et la discussion des articles.

L'avocat du diable n'est pas tenu de croire
ce qu'il dit ; il cherche les difficultés, et, s'il
manque d'arguments sérieux, il peut se con-
tenter des autres : saint Vincent de Paul fut
accusé de priser, mais le promoteur de la
cause le justifia par une ordonnance médi-
cale.

A chaque réunion, la Congrégation prend
un *rinfresco* (lunch) aux frais du promoteur.
Ce lunch ne peut pas coûter plus de trois
francs par tête.

En trois réunions longuement espacées,
la Congrégation examine les vertus, et le candidat doit les avoir toutes pratiquées. La
moindre faute fait l'effet d'une vapeur sur un
cristal. Elle ternit la mémoire du mort. Trois
autres séances sont consacrées à l'examen
des miracles. Le pape préside une septième
assemblée. Après quoi, il signe le Bref de
béatification. Le candidat a droit aux honneurs du culte.

Si, après cette béatification, d'autres miracles sont commis par l'intercession du bienheureux, le procès de canonisation commence avec les mêmes lenteurs que le précédent. En cas de succès, le Pontife donne une bulle *urbi et orbi*. Et les fêtes solennelles sont offertes à Rome, autrefois dans Saint-Pierre, aujourd'hui dans la *loggia*.

Il faut noter que la béatification n'engage pas l'infaillibilité. La bulle de canonisation seule condamne à foi les incrédules, ceux-mêmes qui connaissent le tarif des nimbes.

Ce tarif a trois chapitres : confection du procès ; componendes à payer en cour romaine ; sommes à verser pour les fêtes finales. Tout cela voisine avec deux cent cinquante mille francs, sans compter les enquêtes extraordinaires. Aussi l'ordre mendiant des Franciscains a-t-il plus de saints que les autres ordres réunis. Les fils de saint François ne pouvant garder d'argent, ont fondé une caisse de canonisation. Le pape désigne un custode pour ce trésor : l'avant-dernier est même parti avec la caisse. Mais tout est réparé depuis lors.

La taxe de Benoît XIV est majestueusement défiante. Les traductions sont payées

quarante et un centimes la page, les copies
dix-sept centimes, et pour éviter toute
fraude, le nombre des lignes, des mots, des
lettres est fixé.

L'impression est un peu cher pour les
temps modernes; les plaideurs ont le choix
entre deux maisons : celle de la Propagande,
installée au Vatican, reçoit huit francs par
feuille; celle de Guerra demande neuf francs.
Les juges doivent exercer gratuitement leur
saint ministère. Mais ils peuvent accepter
les cadeaux.

Les médecins chargés de contrôler les miracles reçoivent cent soixante et un francs
vingt-deux centimes par constatation. Le
chapitre des étrennes, le plus long dans
le décret, est facultatif. Mais on assure
qu'il est aussi le plus lourd. Le détail des
cadeaux en nature termine le décret : aux
mois d'août et de décembre, les Révérendissimes Pères peuvent recevoir dix livres
de café, dix livres de sucre et dix livres de
cierges en cire. La note des fêtes est la plus
longue : tout ce qui entre dans la *loggia* devient la propriété du chapitre de Saint-Pierre.

Les ornements, les tentures, les lampes,
les calices, etc... Comme ces objets en-

combreraient à la longue les sacristies du
palais, on a trouvé une combinaison ingénieuse : le chapitre lui-même vend aux plaideurs les objets du culte. C'est donc le même
matériel qui est vendu et racheté à chaque
canonisation: les usuriers n'ont rien inventé. Il faut donner au pape un portrait du
nouveau saint. Ce cadeau est payé dix mille
francs. Les cardinaux ont droit à des tableaux plus petits évalués en bloc à douze
mille francs avec les images gravées qu'il
convient de distribuer à la foule. La vie du
saint, reliée honnêtement, coûte onze mille
cinq cents francs. L'offrande au sacriste de
Saint-Pierre est de huit mille huit cent
soixante francs. La Propagande réclame seize
mille cent vingt-deux francs et la bulle coûte
trois mille quatre cent quatre-vingt-sept
francs.

Après ces chiffres exposés, il faudrait être
sot pour ne pas admirer la longue et géné-
reuse conduite de la papauté dans les affaires du ciel, dont elle a l'intendance sur
la terre.

TARIFS OFFICIELS
ET TARIFS DISCRETS

Une dame demandait à un moine vieilli
sous la bure :

— Qu'appelle-t-on, simonie, mon Père ?

— Madame, répondit le moine, il est trop
tard pour que je commence une histoire de
l'Église.

La simonie est en effet répandue tout le
long des siècles dans l'Église, pour montrer
sans doute comment la main des hommes
peut broder sur le canevas de Dieu.

L'Église, pauvre adorable, resta quelques
jours pure comme le profil de Marie, tou-
chante comme le repentir de Madeleine,
belle comme la mort d'un Dieu. Puis elle
devint la riche parvenue, pareille à la fleur
trop lourde et flétrie par son poids qui courbe
sa tête humiliée vers la terre nourricière,
au lieu de la dresser vers le ciel.

A regarder la moitié du personnel ecclésiastique passant, s'agitant, quêtant, empilant, on se demande si la religion moderne descend du Golgotha, qui vit la mort de Jésus, ou du bureau dans lequel Simon le Magicien, père de la simonie, voulut mettre en société à capital variable l'art de faire les miracles.

Ce Simon le Magicien, contemporain des apôtres, avait une figure jalouse de vicaire moderne. Il vendait des remèdes magiques et faisait des tours sur les places publiques, quand il eut l'idée opportuniste de se convertir au catholicisme naissant. Il reçut le baptême et proposa une bonne affaire aux apôtres. Il demanda contre remboursement le pouvoir de donner de l'esprit :

— Que ton argent périsse avec toi, lui répondit saint Pierre, puisque tu as cru que le don de Dieu s'acquérait pour de l'argent!

Ni Simon ni son argent ne périrent. Mais le faux apôtre se mit à parcourir le monde, prêchant la magie, la théorie des Éons, et vendant des recettes. Il alla peut-être à Rome se quereller avec saint Pierre. Il paria de voler (en l'air), s'envola, mais tomba sur un signe de Pierre.

Cette histoire, renouvelée des Grecs, est tout à fait incertaine.

D'Épiphane raconte que le converti perverti était accompagné d'une fille publique appelée Hélène, qu'il faisait passer pour sainte. Cette Hélène, tabernacle vivant d'une Éon femelle, serait la patronne des demoiselles usées qui consacrent au culte le peu de leurs débris. Mais d'Épiphane pourrait avoir diffamé Simon : on assure qu'Hélène était une image, une fleur de rhétorique et non de chair. Simon aurait donné à l'âme humaine ce pseudonyme pour la peindre sous des couleurs plus tendres.

Si le Magicien ne fut pas l'amant d'Hélène, il reste le père de la simonie, et je sais nombre de prêtres qui pourraient, avec un peu de sincérité, remplacer par le buste de Simon les statuettes d'apôtres dont ils ornent leur pendule.

Simon mourut obscur et méprisé. La simonie vécut et survit. Les théologiens la définissent : « Crime qui se commet quand on donne ou promet une chose temporelle pour prix d'une chose spirituelle, tels que les sacrements, les prières, les bénéfices, etc. »

C'est dire que la simonie est partout un peu, malgré l'ordre du divin Crucifié disant aux apôtres : « Vous avez reçu ces dons gratuitement ; donnez-les de même. »

Et voici que par toute la chrétienté le sacrement de mariage est soumis à un tarif, les prières données aux morts sont détaillées par articles et cédées à prix fixe.

Pour le baptême, la pénitence, l'ordre, l'eucharistie et l'extrême-onction, le tarif est plus discret.

Allez dans une église de Paris. On vous répondra que le prêtre de service baptise tous les jours de trois à cinq heures. Et, de fait, il baptise sans rien demander. Mais essayez de sortir de la sacristie où se dresse l'acte sans rien donner, vous verrez les difficultés naître et s'amonceler. Aucun papier ne sera régulier, l'attente durera des heures et le bedeau, droit, rigide et pâle comme un médaillon de la Justice ressortant sur le chêne brun de la sacristie, le bedeau vous crachera ses yeux jaunes au visage. Pour qu'il soit somptueux, il convient de remplacer dans la boîte offerte au curé les pâles dragées par de jaunes louis. Et comme l'Église est le résumé de toutes les splendeurs, si

elle est l'éventaire de tous les commerces,
je sais de pauvres prêtres, au fond des bois,
dont l'ombre est plus haute que leur clocher,
qui s'en vont pour l'amour du ciel baptiser
l'enfant débile dans la chaumière lointaine,
sous le soleil beau comme l'œil de Dieu, ou
sur la neige, blanche comme leur conscience.
Ces desservants ne touchent aucun honoraire, et souvent ils portent leur dernière
bouteille de vin, pour rendre la mère plus
vite au dur travail de la ferme.

Parfois, cependant, les abbés, même de
Paris, mettent un grain d'esprit dans leur simonie : un banquier faisait baptiser à Saint-
A... son premier-né. Arrivé à la sacristie, il
semblait oublieux de l'oblation :

— Faut-il inscrire comme prénoms Isaac
ou Jacob? demanda le curé.

Cette question bien posée rappela le banquier au respect des traditions.

Ces traditions suivent l'enfant dans sa carrière de chrétien et lui apprennent que tout
se vend, tout s'achète. Au catéchisme les
cadeaux sont reçus toujours, demandés quel-
quefois. La première communion est un concours d'élégance, de cierges, de brassards,
de voiles, de couronnes, et l'enfant ému se

demande si Jésus, le pauvre, se tient dans
cet appareil et cet éclat.

La confession et l'extrême-onction préparent au repentir et au testament. Il n'y a
pas que le maigre et le jeûne dont on puisse
racheter l'obligation avec une pièce de
monnaie. La messe aussi se vend ; elle se
vend même à faux poids, à faux nombre. Et
l'aigle de l'évangéliste s'enfonce comme une
taupe sous la terre et le lion de l'Antre se
détourne de mépris, et les anges de l'autel
semblent briser leurs ailes de bois en un
suprême effort d'envolement.

La messe qui est pour nous la descente
de Dieu sur terre, le corps de Jésus et son
sang aussi, la messe qui redit le sublime du
sacrifice et l'apothéose de l'amour, la messe
vaut un franc cinquante au tarif diocésain.
L'art consiste à la vendre plus cher. Les
prêtres de Paris la cèdent à deux francs.
Celle de M. le Curé vaut cinq francs. En
1757, un prêtre, grand de foi et de pensée,
éleva sa voix superbe contre le trafic du
corps divin. Son livre fut condamné par le
Saint-Office.

Et vous croyez que quand un prêtre prend
un honoraire de messe il doit la célébrer ?

En théorie, cela est de droit. En fait, c'est impossible. Le nombre des messes demandées en France est dix fois plus considérable que le nombre des prêtres français multiplié par les trois cent soixante-cinq jours de l'année. Autrefois, les prêtres qui avaient trop de messes les revendaient au rabais à des abbés affamés. On a vu des messes payées trois francs par le client et revendues cinquante centimes par le bénéficiaire. Les libraires et les marchands de vin se mirent à offrir par des circulaires leur marchandise payable en messes. Voulez-vous les œuvres de Voltaire ? C'est deux cents francs, monsieur l'abbé, que vous acquitterez en disant cent messes. Le libraire avait déjà touché le prix des messes, prix versé d'avance par une agence à l'usage des âmes du Purgatoire.

Le scandale dépassait la hauteur des voûtes du temple. Rome intervint avec des décrets d'excommunication; pour faire cesser le scandale? non, certes, pour le canaliser à son profit. Le montant de toutes les messes qui ne sont pas dites à la fin de l'année par les bénéficiaires doit être envoyé à l'évêché ou au Saint-Siège. Or, le pape s'est réservé

le droit de *réduction*. Tremblez! pieux dona-
teurs, vos messes en retard ressemblent fort
à celle qui se dit au paradis pour les voya-
geurs du dimanche.

L'histoire des messes de l'abbé Brugidon
est trop récente pour qu'il soit utile de la
rappeler : de bons prêtres français durent
sauver la cour de Rome et leur dévouement
fut inutile, dit-on.

Tout cela se fait publiquement, majestueusement, malgré les bulles d'Urbain VIII,
de Benoît XIV et de Pie IX. Quelques ordres
religieux seuls gardent le crucifix que l'Église
a laissé tomber et couler de ses mains dé-
couragées, pour prendre le râteau du crou-
pier; Loyola défendit aux Jésuites de recevoir
des honoraires de messes, et les Franciscains réformés suivent la même règle. Le
reste du clergé tend la main, quoi qu'il
exprime, haine ou amour, malédiction ou
bénédiction, prière ou châtiment, et le législateur, le sceptique légiste français a consacré cette décadence par l'article 69 de la loi
du 8 avril 1802 :

« Les évêques rédigeront les projets de
règlements relatifs aux oblations que les mi-
nistres du culte sont autorisés à recevoir

pour l'administration des sacrements. Les
projets ne pourront être publiés qu'après
avoir été approuvés par le Gouvernement. »

Inutile d'ajouter que l'Église a tout fait
pour échapper au contrôle de l'État.

C'est ainsi que les représentants du catholicisme étouffent la piété dans les mailles des
faux frais et font remonter au ciel la Charité,
quand elle se penche les bras ouverts vers le
monde. Par cela, l'Église éternelle serait
morte avant d'être morte, si elle pouvait être
tuée. Les corps des hommes s'en vont en
terre quand l'âme s'est envolée. Mais au
spectacle de l'Église, on pourrait croire que
le corps est là avec des griffes prenantes
quand l'âme, depuis longtemps, n'y est plus.

L'USURE MODERNE

L'usure n'est pas ce que la foule pense, c'est-à-dire une exagération de l'intérêt. D'après les anciennes lois de l'État et de l'Église, alors semblables, l'usure est le profit, quel qu'il soit, que le prêteur retire de la chose prêtée.

Les rois très chrétiens défendirent le prêt à intérêt, parce qu'il était condamné par l'Écriture Sainte. Certain texte de l'Évangile selon saint Matthieu précise le crime d'usure. Charlemagne dans ses capitulaires prononça des condamnations sévères contre les prêteurs à intérêt. Saint Louis renouvela ces peines par une ordonnance de Melun en 1211.

Philippe le Bel data de Poissy, par une prédestination, son décret contre les usuriers.

— Nous déclarons, dit-il, que nous avons

réprimé et défendu toutes manières d'usure, de quelque quantité qu'elles soient causées, comme étant de Dieu et des saints Pères défendues.

En 1442, Louis XI aggrave les peines. Louis XII précise que tout intérêt de l'argent est une usure, et Henri III conclut :

— Faisons défense à toutes personnes d'exercer aucune usure, prêt de deniers à profit ou intérêt, encore que ce fût sous prétexte de commerce public.

Ces l...is étaient désuettes, non abrogées, quand la Convention déclara l'argent *pure marchandise*.

Mais les lois sur le prêt existent toujours dans l'Église romaine, au moins sur le papier.

La Sacrée-Pénitencerie se livre depuis un siècle à toutes les contorsions des textes pour les abroger. Elle ne peut y parvenir. D'ailleurs, en vertu de nos libertés religieuses, les décisions des Congrégations romaines ne sont pas recevables en France.

Les usuriers catholiques restent punis d'excommunication et même privés de sépulture. Le droit canon défend de leur louer des maisons. Il faut lire Lancelot pour comprendre quelle fut au Moyen Age la violence de la lutte entre l'Église et la banque.

— Les prêtres prêteurs, dit le concile d'Arles, doivent être excommuniés, suivant la loi de Dieu.

Le concile de Nicée s'exprime plus nettement encore :

— Plusieurs ecclésiastiques, s'adonnant à l'avarice et à l'intérêt sordide, oublient l'Écriture divine qui dit : « Il n'a point donné son argent à intérêt. » Ceux-là prêtent à douze pour cent. Que si quelqu'un continue encore ce trafic, ou use de quelque autre moyen pour faire un gain sordide, qu'il soit déposé et mis hors du clergé.

Le concile d'Elvire s'occupe des laïques :

— Si l'on découvre qu'un prêtre ait pris des intérêts, il sera dégradé et excommunié. Si un laïque est convaincu du même crime, et qu'il se corrige, on lui pardonnera : s'il persévère dans cette iniquité, on le chassera de l'Église.

A ceux qui trouvent ces conciles vieux et lointains, on peut répondre que la vieillesse et la distance font souvent la noblesse et la vérité. Mais les condamnations solennelles du prêt sont plus récentes.

Benoît XIV a passé une partie de son règne au combat contre l'usure :

— Tout profit tiré du prêt est usuraire et défendu par le droit naturel, divin ou ecclésiastique.

Ce grand pape développe sa thèse dans une encyclique intitulée *Vix pervenit*. Il y distingue sagement les opérations de commerce — nécessité des temps — du prêt à intérêt. Il fait un cours chrétien d'économie politique.

De ce que l'on trouve, aujourd'hui, des noms ecclésiastiques sur les registres des banquiers en fuite; de ce que le jeu de Bourse intéresse au delà de toute mesure quelques prêtres; de ce que les officines où l'on promet dix pour cent par mois ont une adorable clientèle cléricale, il ne faut pas conclure l'abrogation de la loi religieuse.

Il y a de nombreux prêtres qui refusent tout intérêt de l'argent prêté. Il y a des consciences délicates et naïves qui consultent Rome sur ce débat. La Sacrée-Pénitencerie a rendu plus de mille décisions enregistrées. Il faut dire que, depuis que Léon XIII a perdu la fortune de Pierre, dans les spéculations italiennes, cette Congrégation incline vers l'indulgence.

En 1889, elle saute par-dessus les canons et autorise le prêt à 8 0/0, peut-être même à 12 0/0.

En 1892, elle va plus loin. Elle déclare qu'il faut tenter de convertir ceux qui placent de l'argent à gros intérêt : « Mais il ne faut pas les inquiéter pour le passé. » Il suffit de leur demander une aumône pour l'Église. Le Saint-Office déclare de son côté (février 1898) que les lois sur l'usure sont toujours en vigueur, mais qu'elles ne s'appliquent ni aux Sociétés montées par actions, ni aux Sociétés en participation : « Les bénéfices, dit le Saint-Office, sont le fruit du travail et de l'habileté des gérants, et non le produit direct du capital ; leur taux, quelque élevé qu'il soit, est toujours licite, quand il est licitement obtenu. »

Cela prouve que la loi religieuse contre l'usure est toujours là, mais couchée sur le papier, comme une morte. On en fait le tour, avec la grâce des dernières bénédictions.

COMMERCE ET SACREMENTS

Chaque semaine porte les plaintes d'un ouvrier, d'un employé, d'un humble, mortifié dans les sacristies parisiennes quand il veut être marié gratuitement.

Le cardinal de Paris met pourtant un soin pieux et plein d'honneur à donner sur ce débat des instructions généreuses à ses prêtres. Mais il paraît que MM. les Vicaires de service gardent l'accueil sec pour quiconque se refuse aux fantaisies de l'honoraire.

Les plus honnêtes déplacent la question :

— Nous marions sans frais les indigents, disent-ils.

Et c'est là, précisément, le méfait qu'on reproche à l'Église moderne, administrative, à l'Église du doit et avoir.

Le mariage gratuit est aujourd'hui l'exception. Il devrait être la règle. Pour se conformer aux lois, le prêtre devrait demander certificat de richesse à ceux qui veulent de l'encens avec des fleurs, non certificat de misère à ceux qui désirent le sacrement de mariage — sans plus.

La règle est formelle, sans exception : tout sacrement est gratuit. Or, le mariage est un sacrement et il doit être à la disposition de quiconque le demande et n'a pas d'empêchement.

Le pauvre et le riche, sans subir de vexations, sans passer par le supplice des questions, doivent être mariés de la même manière.

Toute exception à cette règle jette ses inventeurs dans la simonie ou commerce des choses saintes, le plus grand méfait du prêtre, aux yeux de Dieu.

Mais, à Paris, on a pris de singuliers arrangements avec le ciel : la fleur mystique et nitide du mariage chrétien ne peut pas pousser entre les pavés de bois et sous les marches élégantes qui montent au sanctuaire. La chaleur du calorifère paroissial est nuisible à la plante céleste.

Le mariage se vend selon un tarif à plusieurs échelles. Ce tarif est un curieux et rare objet, qui n'a jamais été mis dans le commerce et dont le titre s'étale en longueur :

« Règlement général à l'usage des paroisses de la Ville de Paris, pour la perception des oblations, droits de fabrique et frais de fournitures dans la célébration des mariages. Déposé à Paris, 127, rue de Grenelle. »

Ce tarif général est tout neuf. Il a remplacé les tarifs particuliers à chaque paroisse qui sévissaient depuis la Révolution et il a pour auteurs les prêtres les plus respectables du clergé. Cela est écrit sur la couverture. Il est donc interdit d'en douter.

Nous trouvons dans ce recueil dix classes de mariages, plus la classe dite gratuite, sans doute parce qu'elle coûte six francs.

Chaque classe se compose de deux parties : un tarif minimum, et un tarif des articles et objets supplémentaires, spéciaux à la classe. Certains de ces objets sont à prix fixe ; d'autres sont livrés à la rapacité des demandeurs. Chacun, dans le monde des théâtres, connaît un chanteur à demi célèbre qui touchait par mariage cent vingt francs et qui coûtait aux familles trois cents francs. La différence s'égarait dans les poches des intermédiaires. Un jour, le scandale éclata et le ténor menaça de faire une scène devant la famille dans la sacristie. On fut obligé de l'enfermer dans la tribune de l'orgue, pendant le défilé, sous la garde du suisse, en grand uniforme, hallebarde au poing.

Le tarif minimum de la première classe est de cinq cent soixante-quinze francs. La présence de M. le Curé coûte seule cent quarante francs. Mais il y a des paroisses où jamais le curé ne se montre, s'il n'est pas l'ami de la famille nouvelle.

Par contre, il touche toujours le prix des cierges de main placés près des mariés, soit dix francs. Inutile d'ajouter que les cierges brûlent de flammes répétées et qu'ils servent pour plusieurs mariages.

Le tarif des objets supplémentaires, véritable ceinture élastique à développement variable, s'étend en vingt-sept articles depuis la présence du clergé tumultueux jusqu'aux tentures et aux fleurs. Un sévère décret interdit la présence de cantatrices. Il paraît que la voix des hommes est plus morale. Une femme n'est même pas admise à jouer de quelque sévère instrument, comme l'orgue ou la harpe. Par contre, le célèbre X... peut roucouler ses airs d'opérette coutumiers.

Le tarif minimum de la deuxième classe est de quatre cent soixante-dix francs. Mais le droit de présence du curé — toujours exigé quand le curé est absent — descend à cent francs.

Aux articles supplémentaires, il est noté que la deuxième classe ne donne pas droit aux fleurs, même en payant.

La troisième classe coûte trois cents francs de minimum, et la présence problématique du curé est tarifée soixante-quinze francs.

Dans les belles paroisses, ces trois classes donnent une moyenne de vingt mariages par mois. L'absence réelle du curé lui rapporte donc près de vingt-quatre mille francs par an.

La quatrième classe coûte cent quatre-vingt-cinq francs, toujours sans les frais extraordinaires. La cinquième classe est de cent francs. La sixième atteint soixante francs. La septième ne vaut que trente francs. La huitième descend à vingt francs, sans chaises. La neuvième se réduit à douze francs, toujours sans sièges où poser les invités.

Enfin, il y a une classe supplémentaire donnée pour six francs. Dans ce prix sont comptés un suisse, un bedeau et un enfant de chœur. Mais la bénédiction est jetée sans messe. Par contre, malgré son absence, le curé touche un franc cinquante.

Nous voici au chapitre héroïque de la classe dite gratuite. Elle préoccupe à ce point les auteurs du tarif qu'ils lui ont consacré une préface :

« Tout fidèle, dit cette page admirable, quelle que soit sa situation, a le droit de contracter mariage gratuitement en présence du curé de sa paroisse. Car il est de principe que le choix des classes demeure entièrement libre et que l'administration des sacrements doit être essentiellement gratuite. *Néanmoins, lors même que le mariage est célébré gratuitement, il reste toujours dû à l'Église l'honoraire fixé par le tarif diocésain pour les publications des bans.* »

C'est gratuit ; mais cela coûte trois francs, car il est impossible d'être marié sans bans. Il faut même que le mariage soit annoncé dans la paroisse du futur et dans celle de la future. Si les fiancés n'habitent pas d'avance sous le même toit, la gratuité leur coûte six francs.

Le tarif ajoute :

« Le droit de publication des bans n'est remis qu'aux indigents. »

De quel droit demandez-vous déclaration d'indigence à celui qui veut envelopper sa famille future dans la bénédiction de Jésus mort pauvre?

De quel droit demandez-vous au fidèle qui se présente : « Êtes-vous indigent ? » quand vous revendiquez le titre de descendant, descendu, de Celui qui a crié : « Bienheureux les pauvres ! »

Vous avez béatifié saint Labre, parce qu'il était pauvre et sale. Vous pourriez mettre sur l'autel saint Schylock. Il est riche, et il est aussi sale que le bienheureux errant des chemins du monde.

Mais, en France, il faut le dire, la charité ne perd pas ses droits. Ce tarif honteux que nous venons de résumer préoccupe l'archevêque de Paris, qui, en attendant de le modifier, ordonne de l'appliquer largement.

Plusieurs Sociétés sont formées, qui payent pour leurs associés tous les droits du

tarif et ajoutent même le costume complet
du marié ou le voile charmant de la mariée
rougissante. Je sais une Œuvre des mariages
qui n'est pas riche : la présidente donne le
pantalon et... prête le veston que le marié
doit rapporter dans les vingt-quatre heures.

Ce sont des exercices ingénieux pour les
nobles loisirs des dames pieuses. Mais ne
vaudrait-il pas mieux que l'odieux tarif fût
supprimé au moins à partir de la cinquième
classe ?

Faites payer cher, très cher, la musique, le
tapis, le suisse, le diable même, si les fiancés
veulent qu'il soit de la fête. Mais ne faites pas
payer la bénédiction du prêtre et la présence
du curé... qui ne vient pas.

On objecte à cette conclusion que les
paroisses élégantes continueront à être bien
pourvues et que les églises des faubourgs,
veuves de riches clients, seront tout à fait
ruinées. Le remède est simple. Une échelle
d'impôts sur les cérémonies somptueuses
pourrait être dressée. Cet impôt profiterait
aux paroisses pauvres. Quand le duc de X...
se marie à Saint-Honoré-d'Eylau, dix pour
cent pourraient être prélevés sans obstacle
sur le prix de la fête et appliqués à l'église

Saint-Médard, bien belle, mais bien pauvre depuis que le diacre Pâris a renoncé aux miracles qu'il faisait autrefois dans le cimetière voisin.

MARCHE FUNÈBRE

Si le dogme de l'Église catholique a l'immobilité du Dieu, stator éternel, ses lois ont savamment varié selon les mœurs et les civilisations. Ce qui était défendu autrefois est souvent permis aujourd'hui, et le catholicisme montre ainsi sa souplesse avec sa force d'existence. Mais le progrès importe peu à certains : ils ne connaissent que le droit ecclésiastique, et plus les canons sont anciens, plus on les exhume avec piété. Ce qui est poussiéreux, vétuste et désuet leur plaît dans les usages. Peu leur importe, au demeurant, d'éloigner les foules de l'église. Ils ont le droit canon pour eux, et ils aiment mieux triompher dans le désert que de paraître céder devant une foule assemblée pour écouter la parole de Dieu.

Osez objecter à ces saints hommes que

les ordonnances sur les funérailles dont ils veulent la résurrection feront à elles seules plus d'enterrements civils que les efforts réunis de toutes les loges maçonniques de France, ils vous répondront qu'ils s'en moquent comme de leur première privation de traitement.

Le prêtre qui, à la demande d'une famille, a accepté de suivre un mort, peut-il l'abandonner ? La réponse serait douteuse, si l'enterrement était un service gratuit. Mais malheureusement il y a des canons qu'on n'exhume pas de leur poussière. Ceux-là interdisent au clergé de recevoir des honoraires pour les enterrements. Dans la table raisonnée des Actes du clergé de France, on peut trouver cette sage déclaration :

« Les conciles et les anciennes ordonnances des princes chrétiens défendent d'exiger de l'argent pour la sépulture. Mais ils permettent d'en recevoir, si les parents ou héritiers du défunt veulent en donner. Il y a de cela une disposition expresse dans le concile de Meaux en 845, et dans le Capitulaire de 846. »

Où sont les conciles et les capitulaires d'antan ? Les dons volontaires ont fait place

à ce que l'ancien régime appelait joliment
« la quarte funéraire ». La quarte elle-même
a fait place au moderne tarif, dûment imprimé, où les prières sont cataloguées, où
les chants sont comptés en argent et or, où
les galons sont loués, où les calicots blancs
rehaussés de flanelle noire sont prêtés à forte
usure. Je sais bien que l'Église doit faire
l'enterrement gratuit du pauvre. Mais allez
voir dans les synagogues catholiques de
Paris comment cela se fait ! Il faut un certificat d'indigence pour obtenir ce qui tient
lieu de cérémonie, ce que les abbés appellent
la présentation du corps ; le mort aurait eu
la peste que les porteurs ne se hâteraient
pas davantage de l'emporter. Le prêtre reçoit
l'humble cortège dans une allée latérale, sans
chapelle, sans cierge ; il donne une absoute
à la vapeur et tourne les talons. La règle ca-
nonique est violée : pour toutes funérailles
catholiques, le devoir est de lire l'office entier. Mais ici les tarifs priment le droit canon.
Cela est surtout vrai dans les villes ; car le
prêtre des campagnes sait encore faire l'enterrement gratuit. Le desservant de la montagne est assez riche pour donner la même
bénédiction au pauvre qu'au millionnaire. Il

sait que les deux et lui-même sont égaux devant la mort ; aussi a-t-il soin de ne pas diviser la prière en classes et de ne pas la doser en sous, francs et centimes.

Le droit canon n'aurait sans doute pas toléré la loi française du 23 prairial an XII contre laquelle nul évêque n'a encore protesté.

Cette loi confère, dans toute la France, le monopole des pompes funèbres aux fabriques catholiques et aux consistoires israélites ou protestants. Ni les municipalités, ni les particuliers ne peuvent empiéter sur ce monopole. En fait, la loi est même au profit du seul culte catholique. Les consistoires ne peuvent ensevelir que leurs coreligionnaires. Les fabriques catholiques sont, au contraire, admises à faire les fournitures du service funèbre pour les fidèles des cultes non reconnus et pour les personnes enterrées civilement. N'est-ce pas un spectacle doux et moderne que celui de cette religion qui fulmine contre les funérailles civiles, mais qui ne refuse pas d'en tirer un malhonnête profit ? Enfin, s'il n'y a pas de consistoire dans une commune, la fabrique catholique garde le monopole pour les protestants et les juifs.

Les dissidents ne peuvent demander aucune part du profit.

La loi fut ainsi faite pour dédommager le clergé des biens fonciers perdus. On pourrait répondre à ceux qui considèrent les traitements des ecclésiastiques comme la seule indemnité :

— Le monopole des pompes funèbres rapporte à Paris ce que rapportaient tous les biens réunis de l'Église gallicane avant la Révolution !

Ce bénéfice explique la tolérance extrême du clergé en matière de funérailles, quand il s'agit des premières classes. Le suicidé, le gentilhomme tué en duel sont exclus de l'Église si leurs héritiers désirent un enterrement modeste. Mais il y a toujours un arrangement possible si l'on accepte les flammes vertes dans les torchères d'argent et les chants du ténor de l'Opéra voisin ! Ces sujets-là seraient dignes d'une colère épiscopale, et la voix qui se ferait entendre la première contre l'universelle simonie aurait des échos dans les églises catholiques. Mais il faudrait tout dire. Il faudrait rappeler que la sépulture ecclésiastique est interdite aux prêtres « chez qui on trouve du pécule après leur mort ». Il conviendrait de citer les textes qui ferment les portes du temple devant les usuriers, devant ceux qui ne font pas la communion à Pâque, devant les hérétiques. Or, qui est sûr en ce temps de ne pas être hérétique ? Combien de catholiques, prêtres ou laïques, n'ont en leur for intérieur excommunié le pape glorieusement régnant ou son prédécesseur ?

REFUS DE SÉPULTURE

La scène se passe dans une petite ville, où la foi a gardé sa vivacité malgré le zèle renversé de certains moines banquiers. Là, les maisons et les couvents semblent dormir le long de la voie ferrée qui traverse le pays sans y porter l'éveil. Les brouillards, comme un duvet, adoucissent la couleur triomphante des vieux arbres. Les peupliers ont des profils fins et tristes, semblables aux vieilles filles qui se promènent le long du cours. Il semble que des tapis de silence soient tendus le long des trottoirs.

Là, l'autre soir, dans une maison basse, les anges, en guirlande, sont venus cueillir une âme douloureuse et l'ont emportée doucement à travers les plaines de l'air muet. Cette femme, humble de naissance, avait longtemps souffert les coups et les jurons d'un mari saoul et paresseux. Puis le mari avait abandonné la pauvre créature et les deux enfants, nés parmi les larmes.

Le divorce fut prononcé au profit de la femme. Un brave homme se présenta vers ce temps, petit employé, bureaucrate de banque, qui vit cette honnêteté, cette souffrance. De beaucoup de pitié, il fit un peu d'amour. Il épousa l'abandonnée, adopta les deux petits et fut bon pour les trois.

Mais le bonheur vient parfois trop tard à la brièveté des existences. La femme avait usé sa force dans la souffrance. Elle tomba malade, s'affaiblit et fut bientôt à l'extrême.

Elle voulut alors voir un prêtre qui vint, après mille discussions, un prêtre qui exigea d'elle la promesse d'abandonner le mari, en cas de guérison, un prêtre qui fut brutal comme la lance du centurion, au lieu d'être doux comme le pardon de Jésus le Doux.

Pour l'honneur du clergé de France, ce prêtre exalté, qui rendit public le secret de la confession, n'est pas un simple curé. Il dessert une paroisse très riche, quoique moine. Car, dût-on étonner le lecteur, il faut lui dire que certaines églises paroissiales, parmi les meilleures, appartiennent encore à des ordres religieux, sécularisés pour la forme.

Là, où un bon et paternel curé aurait adouci les angles, effacé les tristesses, là où un saint homme, comme j'en connais, aurait fermé les yeux sur la faiblesse humaine, au moment où la mort fermait de tristes yeux en cette maison de deuil, le moine-curé se mit à faire le sergent du ciel. Il sortit les règles désuettes du droit canon, les textes poudreux des conciles oubliés. Il entoura les doux sacrements de réserves, inutiles, puisque la mort fermait l'avenir. Il se mit à juger tout haut les secrètes pensées, à peser les remords, à servir des arguments contre le divorce, concubinage légal. Et, ce faisant, il déroula son âme, froide comme la peau d'un serpent.

Malgré tout, il donna les derniers sacrements, et la femme du peuple mourut réconciliée avec l'Église romaine.

Ce fut un deuil grand dans la maison toute petite. Le mystère de la mort tombé là faisait pleurer les deux enfants qui ne savaient pas, et le mari qui savait trop.

Que fit alors le moine, déguisé en prêtre? Il refusa l'enterrement chrétien à la femme divorcée. Dans la petite ville, il voulut le scandale magnifique. Il déclara qu'il allait consulter l'archevêque. Mais le prélat est un homme prudent, fort accoutumé aux heurts de la vie. Les funérailles religieuses furent ordonnées par une lettre officielle.

Alors, par un acte inouï et criminel, le moine, à qui son pieux scandale échappait, lut en chaire la lettre archiépiscopale « autorisant les funérailles religieuses d'une femme divorcée ». La sœur de la morte s'évanouit. Les enfants hurlèrent en pleine église leur désespoir. L'œuvre était complète : voilà toute une famille et une partie d'une ville détachées de l'Église par le geste d'un ecclésiastique.

Mais les lois de l'Église? direz-vous.

Les lois de l'Église ont été faites par des hommes, et elles sont soumises à la loi de mansuétude qui a été faite par un Dieu.

Les lois de l'Église, en matière de funérailles, je vous défie d'ailleurs de les appliquer. Elles forment à travers le temps un chaos de contradictions au fond duquel le prêtre honnête se débrouille toujours à la lumière de sa conscience.

Quand le moine refusait les funérailles à

la morte de X..., un habile aurait pu lui jeter à la tête un argument terrible :

— Soit ! cette morte-là n'ira pas en terre bénie, où elle voulait dormir. Mais vous non plus, vous n'irez pas quand vous mourrez. Car le religieux à qui l'on trouve du *pécule* ne doit pas être enseveli religieusement, en vertu d'un décret formel. De plus, vous êtes coupable pour avoir donné, l'autre semaine, de somptueuses et coûteuses funérailles à ce riche personnage qui faisait des prêts à vingt pour cent l'an. Et vous savez très bien que l'Église interdit de telles obsèques en l'honneur des usuriers notoires.

La sépulture chrétienne n'est pas refusée au criminel qui a été exécuté sur la place publique. Le prêtre accompagne ces débris humains et l'on refuserait la terre de repos à une femme qui a commis le seul crime de donner un appui à sa propre débilité, et à la faiblesse aussi de deux enfants abandonnés par le père !

Vous voulez des textes, moine quêteur !

La sépulture est le droit sacré de cette femme morte en chrétienne, puisque son corps était « le temple de Dieu ».

Le concile d'Aix, en 1850, a tranché le

débat, que vous n'auriez pas rouvert s'il s'était agi d'un enterrement de riche, avec des honoraires copieux.

Ce concile a décidé que la sépulture ecclésiastique doit être refusée aux concubinaires notoires, *seulement quand les concubinaires n'ont donné aucun signe de regret.* Or, la morte d'hier avait donné un signe évident de repentir en vous faisant appeler, elle que votre loi regardait comme une concubinaire sans plus.

Vous savez très bien que, le 20 mars 1885, Rome consultée a décidé que les pécheurs publics doivent être ensevelis en terre sainte *sans pompe*, seulement quand ils n'ont pas donné le moindre signe de repentir.

Vous savez que vous n'aviez, en aucun cas, le droit de lire la lettre de votre prudent et sage archevêque et que vous avez fait le scandale au lieu d'accomplir votre devoir.

Rappelez-vous la lettre sage et douce de Pie IX le Grand à l'archevêque de Paris, le 26 octobre 1865.

Le vicaire de Jésus-Christ, vraiment digne de son maître, y disait que, dans tous les cas, la sépulture doit être accordée, si, de son refus, devaient naître des inconvénients plus grands.

« Dans le doute, concluait le pape, il faut se déclarer pour l'indulgence. »

Et vous, moine, qui avez compromis cent fois l'Église de France, vous vous êtes posé en inquisiteur.

L'Inquisition n'est pas à la taille des moines de votre sorte : grande et sublime dans sa logique, elle les brûlerait d'avance.

Si le droit était appliqué dans sa rigueur, on n'enterrerait à l'église aucun de ceux à qui l'on donne les plus beaux ornements, les plus somptueuses musiques, les plus folles torchères. Mais on ensevelirait pieusement les mères irréprochables qui ont voulu mourir chrétiennement.

La seule sorte de personnes à qui les funérailles religieuses soient vraiment interdites est celle des hommes nommément excommuniés par le pape. Or, un archevêque, entouré de toute la pompe humaine, a présidé aux funérailles de l'homme le plus excommunié du monde, le roi d'Italie !

Le malheur, dans l'Église moderne, est que les choses se montrent réglées d'une

certaine façon sur le papier, mais d'une manière opposée dans la réalité.

Le droit canon, jurisprudence de la sacristie, n'est pas muet comme les canons des
Invalides. Mais il tonne à tort et à travers,
manié par des artilleurs imbéciles.

Si l'Église avait beaucoup de prêtres comme
le fanatique à rebours de la petite ville de
X..., c'en serait bientôt fait des funérailles
chrétiennes. L'heure de la mort est celle où
la religion reprend le mieux sa puissance affaiblie, son pouvoir maintenant discuté. Les
hommes d'église seraient au moins habiles
en ne brûlant pas ce privilège sur l'autel.
L'histoire est là pour leur apprendre ce que
les révolutions réservent aux hommes qui
mettent eux-mêmes le feu à leurs parche-
mins.

La plus noble tradition du christianisme
est dans le pardon. Si vous renoncez à cet
héritage-là, tout le reste pourra vous échapper, comme le soleil échappe à l'horizon...
dans un baiser d'or.

L'ÉGLISE ET LES COMÉDIENS

Deux lettres, dans un courrier, perles de tout un collier où les autres pierres ne sont pas fines! Voici la première : « Monsieur, je suis allée poser des cartes de nouvel an au cimetière de X... J'ai vu là, en terre sainte, à l'ombre de la croix, les dernières vanités d'acteurs qui furent illustres, les derniers billets mortuaires d'actrices qui furent aimables et aimées. Quelques jours plus tôt, j'avais visité une église parée de fleurs, vêtue de draperies, animée de chants nuptiaux et de femmes extranuptiales, tout cela parce qu'au maître-autel on mariait un jeune comédien dont les redingotes ont beaucoup de talent.

» L'Église a donc abdiqué les sévérités de ses lois? Les comédiens peuvent reposer en terre sainte? Et l'excommunication ne pesant plus sur eux, ils peuvent mener à l'autel des fiancées pour de vrai? Expliquez-nous cette variation, si vous pouvez.

» Agréez, monsieur, etc. »

Suit la signature d'une femme qui, au théâtre du monde, le seul qui soit amusant, est une exquise comédienne.

La deuxième lettre est d'un prêtre de Paris; elle vaut par la brièveté : « L'archevêque, dit l'abbé, nous a interdit les spectacles de toute sorte, même en matinée. Plaidez notre cause. Qu'on nous permette d'entendre les belles œuvres des maîtres classiques : le Corneille, le Racine et, par surcroît, la bonne musique. Nous entendons bien à l'église des airs d'opéra, même d'opérette, qu'on joue aux mariages et aux enterrements. »

Or, la dame se trompe et l'abbé n'a pas raison.

Il n'y a jamais eu nommément interdiction de sépulture ecclésiastique contre les comédiens, tandis que cette interdiction est formelle contre les usuriers. Mais les excommuniés ne peuvent reposer à côté des dévotes personnes. Toute la question est de savoir si messieurs les comédiens sont frappés d'excommunication.

Les canons 4 et 5 du premier concile d'Arles ont atteint « tous les farceurs, sauteurs et comédiens, tant qu'ils exercent cette odieuse profession ». Par cette formule l'honoriat reste sauvé : les retraités ont plein droit à la terre sainte dès qu'ils en voudront. Et le concile d'Arles est très vieux. Il date de 317 après Jésus-Christ. De plus, ses décrets étaient dirigés contre ceux qui prenaient part aux spectacles des païens. Depuis lors, l'Église autorisa et fit jouer dans ses temples des mystères et autres pièces. Enfin, il ne s'agit pas dans les textes authentiques d'une excommunication encourue par le fait seul. Il s'agit d'une menace, comme l'explique le canon 38 du concile de Carthage. Aucune loi générale n'a interdit la profession de comédien, sous peine d'excommunication.

Au dix-neuvième siècle, un concile a été tout à fait libéral, et la lumière nous est venue de Soissons. Voici ce que dirent les Pères réunis dans cette ville en 1849 :

« Quant aux comédiens et aux acteurs, nous ne les mettons pas au nombre des infâmes ni des excommuniés.

» Cependant si, comme cela arrive presque toujours, ils abusent de leur profession au point de jouer des pièces impies ou obscènes, on doit leur refuser la communion eucharistique. »

Chacun le sait, le théâtre devient tous les jours plus moral, plus vertueux, plus colleté. L'Église peut donc donner ses sacrements et ses prières aux acteurs, enfants grandis, et aux actrices, jolies âmes de papillons que la vieillesse ne fane pas, que les poudres de riz, les poudres d'or, les parfums d'ambre conservent presque éternelles pour nos admirations et celles de nos petits-fils. Quand une actrice se décide à mourir, elle vit depuis si longtemps que, par charité pour le public, l'Église lui doit le dernier refuge.

Au reste, le pape entretenait, au temps du pouvoir temporel, les théâtres de Rome, et c'était un prélat qui était chargé de veiller sur la longueur des gazes dont s'enveloppaient les danseuses. Contrôler, c'est autoriser. Rome s'est prononcée avant que la Révolution cassât sur les nez des cardinaux le dais sous lequel ils rendaient la justice.

Quant à la vue des spectacles, même honnêtes s'il en est, elle est nettement, justement, fortement interdite aux prêtres, pour cette excellente raison qu'elle est également défendue aux laïques, comme le jeu, comme le prêt à intérêts, comme la danse, comme les autres actes que nous accomplissons le matin, le soir et entre les deux.

Cela s'explique par des raisons théologiques, qu'il est bon de laisser dans les dictionnaires où elles sommeillent, et par des raisons historiques.

En interdisant l'assistance aux spectacles, l'Église primitive suivit la tradition des sages antiques : le grand Scipion n'empêche-t-il pas la construction d'un théâtre de pierre dans Rome ? Ovide, qu'on s'attend peu à voir dans cette affaire, ne supplie-t-il pas dans ses « Tristes » l'empereur Auguste de supprimer les théâtres ? Sénèque ne soutient-il pas que l'homme reçoit au théâtre les méchantes impressions du vice ? Et Solon et Plutarque ne sont-ils pas du même avis ?

Avec cette admirable subtilité, qui permet au catholicisme les évolutions dans l'unité, les variations dans l'infaillibilité, la juste distinction du dogme et de la discipline, l'Église un beau jour escamota à son profit les spectacles païens et introduisit dans le sanctuaire les acteurs qu'elle avait condamnés. Le théâtre devint un plaisir de jubé, un enseignement de catéchisme. Puis le théâtre s'émancipa, perdit les grâces de son baptême, retomba dans les fautes originelles de son paganisme.

Il fut chassé du temple, traqué, poursuivi de nouveau. On ressuscita les antiques canons des primitifs conciles, contre l'enfant prodigue.

L'Église résista aux prières des rois, aux sourires des reines. Impertinente dans sa grandeur, elle déclara nets de toute faute les officiers d'un prince, les domestiques d'un maître qui assistent par force au spectacle.

Elle garda ses anathèmes contre le prince, contre le maître.

Aujourd'hui, les abbés prétendent aller au spectacle parce qu'ils vont aux réunions publiques. La cause est plaisante et je sais un excellent évêque qui répondit d'avance à cette objection en fort bons termes. Ce prélat, qui avait confessé une impératrice, ne se contenta pas d'interdire le spectacle aux abbés ; il leur défendit les réunions électorales, les conférences politiques, les meetings blancs ou rouges, trouvant que l'autel doit suffire au prêtre avec le calme clair de la cellule.

Les prêtres invoquent une suprême excuse à leur amour du théâtre : là ils apprennent à bien dire. On ne voit pas en quoi l'éloquence de la chaire peut ressembler au récit de Théramène, en quoi la diction de l'acteur peut être préparatoire à l'explication des éternelles vérités. Mais s'il faut de l'art aux abbés, qu'on leur donne au séminaire des leçons de diction, après leur avoir indiqué le moyen de mettre quelques idées personnelles dans des rouages d'horloges à répétition.

HISTOIRES DE THÉATRE

Une lettre officielle de l'archevêque de Paris, contre le théâtre en général et contre le théâtre chrétien en particulier, fit plus de vacarme que les documents ordinaires publiés sous la signature du cardinal : les affaires de comédie sont toujours graves.

Le public, les rédacteurs, les foyers eurent tort de s'étonner devant le texte de l'éminent vieillard. La pensée y était moulée sur l'âme du cardinal, comme un vêtement prend les formes du corps.

Les relations du théâtre avec l'Église, sa mère, donnent du renouveau à certaines dissertations. Moins connue est l'histoire des affaires religieuses du théâtre à Paris.

Combien de gens savent que la Comédie-Française entretint l'abbaye de Saint-Germain-des-Prés ? Les minutes d'un notaire de

Paris en donnent témoignage. Voici une
transaction passée le 24 août 1695 devant
Mᵉ Carnot et homologuée par arrêt du Parlement, le 6 septembre de la même année.
Les comédiens, dont l'hôtel est situé sur les
terres du seigneur-abbé de Saint-Germain-
des-Prés, prennent l'engagement de payer
au cardinal de Furstemberg « deux cent cinquante livres de redevance annuelle, par
forme d'abonnement pour droits de vente,
et pour droits de succession d'un comédien
à l'autre, tant pour le passé que pour l'avenir ».

Le cardinal de Furstemberg marquait ainsi
l'oubli des préjugés et prenait l'argent des
comédiens, comme faisait le curé de Saint-
Sulpice, qui acceptait une petite redevance
pour maintenir devant l'hôtel du théâtre le
reposoir de la Fête-Dieu, auquel les acteurs
et surtout les actrices tenaient grandement.

On voit qu'au dix-septième siècle, l'Église
ne payait pas d'impôts à l'État, mais recevait
de MM. les Acteurs ce droit d'abonnement,
contre lequel elle s'est fortement élevée
quand elle a dû l'acquitter, dans le boule-
versement moderne du vieux droit.

Le marquis de Seignelay défendait la

troupe et l'avertissait que « le curé se dé-
chaînait contre elle d'une manière qui ne lui
était pas avantageuse », tandis que le curé
d'une autre paroisse allait menacer de damna-
tion un créancier des acteurs s'il n'exerçait
pas droit, jusqu'à faire crier merci.

La bienveillance des uns se croisait déjà
avec la fureur des autres : un moine défendait la comédie contre Bossuet, son plus
illustre adversaire. Certains prêtres enter-
raient une actrice en grande pompe, tandis
que d'autres refusaient la sépulture religieuse à Mlle Adrienne Lecouvreur. Le curé
de Saint-Roch fermait les portes de son
église au cercueil de Rosimont, qui avait
cessé de paraître sur la scène et donné les
dernières années de sa vie à la littérature
pieuse, en écrivant une *Vie des Saints pour
tous les jours.*

Louis XV intervenait en personne pour
que Brizard fût marié à l'église. Ces incidents
augmentaient la dévotion de MM. les Comédiens : à la mort de Crébillon, ils comman-
dèrent une messe solennelle au curé de
Saint-Jean-de-Latran. Ils y assistèrent avec
beaucoup de régularité. Mais l'archevêque —
plus sévère que le cardinal Richard — con-

damna le curé à deux cents livres d'amende et trois mois de retraite pour avoir reçu des acteurs à un office solennel.

Molière, dont l'enterrement fut un scandale, assistait à la messe du dimanche, même quand il avait joué fort tard dans la nuit, et confiait son livre d'Heures au portier de l'église, pour en user plus commodément à chaque visite.

Madeleine Béjart a rédigé un testament encombré de fondations catholiques et assaisonné de piété brûlante.

Le protestant Chappuzeau, qui a laissé le livre le plus curieux du monde sur les mœurs du théâtre, prête à tous les acteurs une foi dévote et régulière.

« Ils ont grand soin, écrit-il, les dimanches et les fêtes d'assister aux exercices de piété, et ne représentent alors la comédie qu'après que l'office entier de ces jours-là est achevé... Mais aux fêtes solennelles et dans les deux semaines de la Passion, les comédiens ferment le théâtre. Ils se donnent particulièrement, durant ce temps-là, aux exercices pieux et aiment surtout la prédication. »

Une partie du clergé avait au reste les bonnes opinions de Chappuzeau : le célèbre

abbé d'Aubignac s'élevait, avec un courage
que nous ne pouvons pas mesurer aujour-
d'hui, contre les préjugés. Mais il voulait
donner un confesseur spécial à chaque acteur
chargé de faire les mariages et de ne laisser
« aucun personnage de théâtre dans le célibat ». Les actrices veuves auraient été
obligées de se remarier six mois après la
fin de leur deuil. L'abbé d'Aubignac ne
réussit pas à imposer son code ; mais les rois
de France soutinrent souvent de leurs ordonnances les droits religieux des comédiens.
On conserve aux archives nationales une
curieuse déclaration du roi Louis XIII en
faveur des spectacles honnêtes. Elle est datée
du 16 avril 1641, et enregistrée au Parlement, avec toute la cérémonie de la chose.

La Monarchie faisait encore mieux en
faveur des comédiens, quand vingt-sept ans
après la déclaration elle maintenait la noblesse de l'acteur, malgré les efforts des
théologiens, qui avaient donné des assauts
héraldiques, en vingt Mémoires.

C'est un arrêt du Conseil d'État, contre-
signé par le roi, qui rétablit dans ses droits
le sieur Josias de Soulas, seigneur de Flo-
ridor, « qui avait servi en qualité d'enseigne

dans le régiment de Rambierre, puis avait pris le parti de la comédie, dans laquelle il a servi depuis vingt-cinq ans au divertissement de Sa Majesté ».

Chappuzeau, qui cite cet arrêt, a soin de faire remarquer que l'on n'a jamais vu aucun comédien « donner lieu aux rigueurs de la justice », tandis que tous les autres corps de l'État ont fourni des criminels à la potence :

« Aussi, n'a-t-on pas dédaigné de tirer d'entre eux des gens pour remplir les hautes charges de la justice et même pour servir l'Église et monter jusqu'à l'autel. »

Cette allusion frappait Laffemas, auxiliaire du cardinal de Richelieu, qui passait pour avoir débuté dans la comédie.

Malgré ces conflits, il y avait autrefois, et il y aura toujours un lien entre les comédiens et le clergé : la charité. Et ce ne sont pas les acteurs qui la demandent. Ce qu'écrivait Chappuzeau reste vrai après le passage des siècles et des révolutions :

« La charité est fort en usage entre les comédiens; ils en donnent des marques assez visibles; ils font des aumônes et prennent les boîtes de plusieurs hôpitaux et maisons religieuses. »

« Prendre la boîte », cela veut dire remplir le tronc présenté aux visiteurs.

Dès le dix-septième siècle, les acteurs et les actrices de Paris prêtent avec générosité leur concours aux fêtes de charité organisées par le clergé, au profit d'œuvres pies :

« J'ai vu, écrit un historien, des troupes donner aux hôpitaux la recette entière d'une représentation, choisissant pour ce jour-là leur plus belle pièce, pour attirer le plus de monde. »

A tous les feuillets des registres de la troupe de Molière, on trouve des *charités*, fortes et périodiques, en faveur des communautés religieuses, qui tenaient alors lieu et place du bureau de bienfaisance moderne.

Le droit des pauvres n'est pas une invention laïque de l'époque contemporaine, mais une rénovation des œuvres que s'imposaient les acteurs, avant la Révolution.

Les Cordeliers, les Récollets, les Carmes, les Petits et les Grands Augustins touchaient quinze livres par mois à la Comédie-Française.

On a conservé l'épître que les Cordeliers avaient écrite pour obtenir le secours régulier :

« Messieurs,

» Les Pères Cordeliers vous supplient très humblement d'avoir la bonté de les mettre au nombre des pauvres religieux à qui vous faites la charité. Il n'y a pas de communauté à Paris qui en ait plus besoin, eu égard à leur grand nombre et à l'extrême pauvreté de leur Maison, qui le plus souvent manque de pain.

» L'honneur qu'ils ont d'être vos voisins leur fait espérer que vous leur accorderez l'effet de leurs prières, qu'ils redoubleront, envers le Seigneur, pour la prospérité de votre chère Compagnie... »

Il convient d'ajouter que les mêmes Cordeliers, fiers d'être voisins de la Comédie, avaient signé une requête au roi contre ce voisinage.

Les Augustins attendirent la première année du dix-huitième siècle pour présenter leur placet. L'original de la pièce existe aux archives de la Comédie-Française. La signature donne une amusante actualité à ce morceau de littérature chrétienne :

« A Messieurs de l'Illustre Compagnie de la Comédie du Roy.

» Les religieux Augustins réformés du

faubourg Saint-Germain vous supplient très
humblement de leur faire part des aumônes
et charités que vous distribuez aux pauvres
maisons religieuses de cette ville de Paris,
dont ils sont du nombre. Et ils prieront Dieu
pour vous.

» Signé: Joseph Richard, procureur. »

Cet homonyme du vénérable chef de
l'Église parisienne avait pour le spectacle
des sentiments plus doux que l'illustre prélat.
Cependant, les pièces représentées en 1701
n'étaient pas les plus honnêtes du monde.

Cela prouve que tout finissait déjà par des
quêtes.

LES EUNUQUES
POUR L'AMOUR DE L'ART

Voici les corps amoindris, mais gonflés, des chantres pontificaux, et l'on intéresse tout le monde en parlant de ces intéressantes victimes.

Les soprani de la chapelle Sixtine ont failli être supprimés par l'abbé Perosi, qui eût ainsi coupé une des curiosités les plus charmantes de la Rome moderne, une curiosité sauvée du temps et des révolutions, je veux dire les castrats de la chapelle Sixtine.

Une fois de plus, l'intervention olympique du pape a sauvé l'Église avec la tradition, et nous ne perdrons pas ceux dont les voix angéliques portent vers Dieu les imaginations endormies des vieilles Américaines, clientes hivernales des fêtes romaines.

Ces chantres de la Sixtine, tout le monde les plaint et peu les connaissent, au moins dans le charme de leur vie ombrée. Le malheur inexprimable dont la musique console les enveloppe de discrétion et de mystère ; et tout en eux, jusqu'à leur titre officiel, est tronqué. Ils sont légitimement les membres du collège des chantres pontificaux et marchent dans l'ordre des préséances immédiatement avant les maîtres portiers de la « Virga rubea », ce qui fait une moyenne et rétablit le juste équilibre des choses.

De neveux en neveux les chantres pontificaux ont leurs lettres de noblesse. Saint-Grégoire le Grand fut leur premier directeur et les entoura de privilèges comme on entoure un tombeau de grilles dorées. Quand les papes passèrent en Avignon, le collège des chantres resta à Rome, tel le chat familier, gras et discret, qui garde le foyer et ne suit pas le maître.

Au bord du Rhône, les papes durent créer un nouveau collège qui manqua de soprani, car on n'en put trouver parmi les fils de Provence.

Grégoire XI, rentrant à Rome, y ramena son collège. L'autre s'était désagrégé, dissous, sans suite ni hérédité. Les Romagnes et les Provinces napolitaines fournirent les soprani qui manquaient, et l'ordre fut rétabli dans le calme.

Les chantres de la Sixtine sont pavoisés de privilèges. Ils sont chanoines d'honneur, reçoivent un traitement des palais apostoliques et ont droit à des bonnes mains en toute circonstance. Ainsi, le cardinal nouvellement créé donne un louis à chaque membre de ce corps d'élite — en prévision de sa messe funéraire. La pensée de la mort et de la débilité humaine se mêle ainsi à toutes les pensées d'orgueil.

Les chantres sont vêtus comme des prélats de premier ordre : collet violet, soutane violette avec boutons et filets de soie rouge, ceinture violette ; leur manteau seul est noir, mais en soie, signe de deuil, sans doute, et de féminéité.

Le personnel actuel a été réorganisé par Léon XIII, sous la direction du puissant et célèbre Mustafa. Car Pie IX avait, de dégoût, laissé tomber la gloire des chantres sixtins avec le pouvoir temporel.

Le directeur perpétuel est assisté de dix contralti, de neuf ténors, de huit basses et de huit soprani. Ces derniers seuls sont démantelés. Ils s'appellent Meniconi, Pesci,

Ritarossi, Cesari, Vissani, Domenico, Sebastianelli et Moreschi. Ils se défendent mollement de la vieille accusation qui pèse sur eux, et l'annuaire pontifical catholique, qui est très bien fait, a murmuré leur défense en ces termes :

« Il faut faire justice, en passant, d'une erreur courante, qui représente les « soprani » de la chapelle Sixtine comme dépourvus des caractères de la virilité, et de cette fable qui faisait faire par les papes des « soprani » pour ladite chapelle. Qu'il y ait eu ou qu'il y ait encore dans la chapelle Sixtine des « soprani » qui doivent leur timbre à un défaut de la nature ou à un accident, cela n'a rien d'extraordinaire, mais que l'accident soit une règle, c'est complètement faux. Bien plus, quand les « soprani » se présentent dans ces conditions, les règlements de la chapelle défendent de les admettre s'ils ne peuvent prouver clairement l'absence de tout crime dans la perte de leur virilité. »

La cause est entendue, les « soprani » sont abélards, naturellement et sans crime.

J'ai eu l'honneur de leur être présenté, à Rome, dans un dîner où ils profitaient largement de leur privilège, qui est de ne

jamais faire maigre et de ne jamais jeûner.
Ils étaient autour de la table tous pareils :
même figure à sang blanc et froid, avec un
nez en forme de banane aux agitations molles
et lentes. Leurs yeux ne disaient pas les
affreux regrets, leurs gestes n'avaient aucune
brutalité, la rapide corruption du péché ne
traînait pas sur leurs lèvres rouges. La nature humaine outragée gémissait seulement
par leur voix, comme gémit le vent par la
fente d'une porte. Un invité essaya de parler
de femmes ; de courtes réponses prouvèrent
que les soprani haïssaient la femme en-des-
sous, mais sans violence et sans rien craindre
pour eux-mêmes. Au surplus, ils avaient à
table de la tournure et cette attitude des gens
bien élevés qui, le crime commis, n'en parlent
plus. Giovanni Cesari parlait de l'art avec un
intérêt soutenu, et mêlait joliment, en un
langage moderne, la foi à la mondanité. D'un
geste un peu transi, il nous expliqua les difficultés de son métier :

— Nous chantons, dit-il, sans l'aide d'aucun
instrument, pas même d'orgue, et nous avons
en cela à vaincre une grande difficulté. Vous
ne sauriez croire, monsieur, combien il est
difficile, durant de longs morceaux, de garder

le ton sans avoir pour se guider et se soutenir la ressource d'un accompagnement. Nul ne connaît notre art qui n'a pas entendu nos « gorgheggiature ». Ce sont des trilles inconnus dont nous avons la tradition depuis saint Grégoire. Nous les plaçons n'importe où, au moment le plus inattendu, pour surprendre l'auditeur, relever son attention et donner aux morceaux classiques l'imprévu d'une création neuve. Nous fondons ces trilles dans un ensemble harmonique qu'aucune autre chapelle du monde ne peut égaler.

Quand don Cesari eut fini de parler, je le félicitai de sa précision et je lui tendis un cigare qu'il refusa avec mépris.

— Je ne tombe jamais dans la maladresse des excès, me dit-il.

Le scepticisme du temps et la glace de son tempérament n'avaient pas tout envahi chez cet homme. Je lui montrai à l'autre bout de la table, un gros objet, pâle, inerte, qui se chauffait et semblait fondre aux rayons de soleil entrant par la fenêtre.

— Et celui-là ? fis-je.

— C'est un homme très mal vu, parce qu'il a été opéré. Les femmes de la campagne, malgré le décret de saint Alphonse de Li-

guori, préparent souvent leurs enfants pour
qu'ils puissent être soprani de la chapelle
Sixtine. Mais c'est un grand crime, et ceux
qui réussissent par ce moyen sont toujours
mal considérés. Car ils se parjurent en affir-
mant, dès leur arrivée, que l'accident fut naturel. D'ailleurs, cela ne réussit pas à tout le
monde. A Carpinetto, une femme avait préparé deux de ses enfants : aucun n'a eu « la
voix ». Ils n'ont pas réussi : l'un est seulement cardinal, l'autre est général du génie
chez les Piémontais.

— Mais vous-même ?

— Moi, me dit-il, d'une voix tranquille,
parlementaire et convenable, je suis soprano
de naissance et de bonne famille sicilienne,
comme le cardinal Rampolla. Les choses qui
ne sont pas de mon métier disparaissent tout
à fait de ma préoccupation. Je dors dans un
nuage d'encens et de musique et je ne m'y
réveille jamais avec un soupir. J'ai fait de
bonnes études et je sais la philosophie. Mais
ne me sortez pas, monsieur, du demi-jour
des confidences. Je ne tiens pas à prendre
rang au soleil parfois cuisant de la publicité.

Pour changer de conversation, je parlai
d'Abélard à ce musicien philosophe. Mais il

préférait saint Bernard, esprit plus subtil et plus fort, disait-il.

Après le dîner, il jeta sur ses épaules son grand manteau de soie noire, se leva, et je vis se dresser devant moi toute la majesté de la Rome antique et de la chapelle Sixtine ; car les plus grandes majestés ne sont peut-être qu'un effet de manteau ou de chapeau, et je l'accompagnai respectueusement jusqu'à sa porte, une petite porte discrète, presque cachée à l'angle et sous les lierres chastes d'un vieux mur. Cette porte ne devait jamais s'ouvrir ni même s'entrebâiller aux idées ennemies. J'avais vu un sage.

Pie X, le troisième mois de son pontificat a voulu supprimer la situation de pieux castrat. Les virils accents de la troupe sacrée, les lamentations des vieilles américaines que le spectacle de la Sixtine émeut, l'indignation des habitués des concerts religieux à Rome, mille autres motifs ont fait réfléchir le pape infaillible qui a confessé son erreur et retiré son ordonnance. Nous aurons toujours à Rome les soprani du ciseau.

LE NU ET L'ÉGLISE

C'est dans une ville du Midi, avec le mensonge du soleil partout, dans la poussière qui semble faite de paillettes dorées, dans les pierres des porches qui paraissent être les gemmes tombées du collier de quelque princesse orientale.

Au bout d'une rue faite de vieux hôtels parlementaires se dresse une haute maison aux fenêtres sans volets, comme des yeux sans paupières. Là, demeure un ancien magistrat démissionnaire à l'occasion des décrets, et qui occupe son noble loisir à collectionner les nudités dans l'art religieux:

— Voici les faits, monsieur, me dit le vieillard, sans autre salut : mon collègue, l'ancien conseiller X..., avait dans sa chambre un tableau d'un prix inestimable qui représentait les amours de Léda et de Jupiter, sous la figure d'un cygne. Mon ami tomba malade et reçut, comme il convenait, la visite du curé. Ce prêtre persuada au malade que le tableau était infâme, qu'il fallait le détruire.

L'autre, qui pensait mourir, céda. Le prêtre emporta la toile et la brûla solennellement devant la porte de son église pour faire un exemple. Mais mon ami est sorti du mauvais pas où il était et il regrette d'avoir sacrifié son tableau. Malheureusement j'ai été averti trop tard, car j'aurais pu prouver à mon ami et à son curé que l'Église a donné l'exemple des peintures et des sculptures les plus échevelées dans la nudité. J'ai ici une collection qui suffit à prouver contre tous les conciles du monde que la vraie piété, celle de nos pères, ne s'effraya jamais des choses naturelles vues au naturel, et qu'il faut être tombé dans l'imbécillité sénile pour voir l'obscénité derrière la beauté.

Je sais bien que le concile de Trente, en sa vingt-septième session, a ordonné d'éviter toutes les peintures lascives et de ne laisser mettre dans le sanctuaire aucun sujet déshonnête.

Saint Charles défend d'introduire dans les

jardins et dans les maisons les images qui peuvent offenser les yeux pudiques.

Saint Augustin déclame contre les tableaux légers, et saint Chrysostome affirme que le démon est présent dans toute nudité.

Le cardinal Gousset menace des foudres de l'Église les artistes et les collectionneurs qui ne respectent pas les lois de la pudeur. Mais par un accident de logique il tolère la nudité expressive chez les enfants, les génies et les anges, même dans les églises.

Tout cela n'est que verbiage, et si l'on est excommunié pour vivre parmi les nudités, le pape et tous les cardinaux sont les premiers excommuniés de l'Église. Les galeries et les jardins du Vatican sont encombrés des dieux antiques et païens les plus nus, s'il y a un degré dans le nu.

Le Vatican est un palais, un musée, le dernier tabernacle de la beauté païenne. Mais dans nombre d'églises, les dieux et les symboles du paganisme voisinent avec les statues et les souvenirs des saints qui supportèrent le martyre plutôt que de sacrifier à ces faux dieux.

Dans le carton que voici, monsieur, il y a les reproductions de trois cents lascivités

païennes qui sont installées comme chez
elles dans les églises catholiques d'Italie ou
d'ailleurs.

Dans l'église d'Arezzo, voyez cet adorable
et colossal Cupidon, nu par devant, vêtu d'ailes
par derrière, les yeux sous un étroit bandeau.
Il lance sa flèche du haut des voûtes sur les
fidèles agenouillés. Je vous cite celui-là, et
je vous en montre l'image parce qu'il n'a
même pas l'excuse d'être antique : c'est
l'œuvre du très catholique Pierre della Fran-
cesca.

Passons à la peinture religieuse. Je possède
dans trois cents cartons sept mille reproductions de la nudité pieuse à travers le temps.
J'appelle nudités pieuses celles qui sont
peintes par des artistes chrétiens, sous la surveillance des papes et des évêques, pour des
églises ou des monuments religieux. Il
n'existe au monde qu'un seul Christ nu ; mais
il est de Fra Angelico et se montre à la galerie royale de Florence. Encore n'est-ce pas
une nudité complète, car Jésus est orné, vers
le milieu du corps, d'une gaze absolument
transparente.

Je ne perdrai ni votre temps ni le mien à
vous montrer les Enfants-Jésus dépouillés

de vêtements. Il faudrait citer tous les auteurs de la Sainte Famille et dresser un catalogue qui tiendrait un volume pour donner les exemples de cette nudité-là. Qui ne connaît la chaste Vierge du Pinturriccio au musée de Londres? L'Enfant divin bénit de la main droite, tandis que de la gauche il lève sa chemise et se montre. Voici encore la Sainte Famille de la galerie Pitti à Florence, où l'artiste est allé plus loin.

« Cachez ce sein que je ne saurais voir, » n'a jamais été la devise des peintres catholiques aux grandes époques. Ceux du Nord comme ceux du Midi, les maîtres de la Hollande humide, les Espagnols en feu, et les Italiens en ardeur ont aimé à montrer sur leurs toiles le front de l'Enfant à côté du sein de la Mère, comme s'ils voyaient dans ces deux rondeurs les symboles du monde et du ciel.

Il y a au musée de Berlin un chef-d'œuvre de l'école hollandaise, qui représente saint Bernard en extase. Le grand moine est à genoux ; Marie est assise tenant dans sa main son sein nu d'un geste magnifique. Le peintre n'a même pas cherché l'excuse de l'allaitement, car Jésus debout et nu dans un rayon s'éloigne de sa mère, tenant un fruit et se dirigeant vers saint Bernard.

Par contre, monsieur, voici la photographie de la seule peinture connue où Marie montre ses deux seins : c'est une fresque digne de toute admiration, peinte dans l'église de Saint-Augustin à San Giminiano. Le Dante s'agenouilla devant elle, et la piété d'un Dante vaut celle d'un sacristain.

Si le naturalisme dans la peinture est un objet de réclame, tout moderne, ce fut une méthode d'art chez les maîtres du passé. Les six cartons que vous voyez là contiennent les œuvres réalistes de la peinture chrétienne.

Connaissez-vous une œuvre plus réaliste que cette *Circoncision*, de Fra Angelico, à la galerie royale de Florence ?

Tout y est, les ciseaux et le reste avec un luxe de détails et une rare précision de mise en scène.

Voici le digne pendant de cette œuvre fameuse : c'est la *Naissance d'Ésaü et de Jacob* par Gozzoli au Campo-Santo de Pise ? Les eaux de la cuvette sont traitées avec un affreux détail.

La peinture mystique n'est pas au-dessous de la grossièreté naturaliste. Dans ce temple

d'art qui est la Hollande, parmi les opales
de ses canaux et les aigues-marines de ses
prairies, se trouve le chef-d'œuvre de la
pieuse indécence vêtue. Le tableau est au musée d'Utrecht, après avoir longtemps occupé
le maître-autel de la cathédrale au temps où
elle était catholique. Il porte la date de 1400
et représente la *Rencontre de Marie et d'Élisabeth enceintes*. Au fond, montent des rochers où sont postés des anges qui regardent
avec plus de curiosité que de piété. Ce qu'ils
regardent vaut la peine d'être vu. Élisabeth
et Marie vêtues de longues robes se tiennent
par la main; sous les voiles, deux ventres
énormes s'exagèrent, occupant le centre du
tableau, l'envahissant tout entier. Sur le
ventre de chacune des deux saintes, un peu
plus bas que le milieu, se voit un médaillon
de forme ovoïde, dans lequel se balance un
fœtus très bien dessiné. Une colombe, aussi
chaste que les anges, complète ce paysage
mystique que des protestants seuls expul-
sèrent du temple.

Revenons à l'Italie; voici l'estampe d'une
fresque de Mazolino qui représente le *Cours
du Jourdain*. Trois femmes divines de chasteté et de gestes tiennent sur leurs bras les

vêtements de Jésus, tandis qu'il est au milieu du fleuve. Sur la rive opposée à celle où se tiennent les femmes, trois hommes se déshabillent : l'un est vu de dos, les autres se montrent de face.

Il n'y a peut-être pas au monde d'étude de nu plus puissante que celle où s'est employé Lucca Signorelli dans son *Entrée des Élus*, pour la cathédrale d'Orvieto :

Il y a là des femmes aux seins dégradés, des anatomies de moines extravagantes dans leurs chairs graisseuses. Au premier plan, certain danseur napolitain révèle son origine par la coiffure, seule pièce du costume qu'il ait conservée.

Dans le même lieu et par le même peintre : la *Résurrection de la chair* ménage des surprises aux alarmes faciles de la pudeur moderne. Les squelettes, même, ont l'impudeur du geste, comme certain page vêtu ou plutôt aggravé d'un étrange maillot.

Et le *Triomphe de la Mort* d'Orcaglia, au Campo-Santo de Pise, est-il autre chose qu'un fantastique mélange de gestes impudiques accomplis par des monstres imaginaires sur des femmes imaginées ?

Je ne peux pas mieux finir qu'en vous

montrant cette reproduction d'Antonio Vitte
à Pistoia : c'est d'abord le Paradis terrestre
avec ses enchantements et le charme allongé
d'une Ève qui tient la pomme sous les yeux
ironiques d'un serpent très viril.

Contrairement à la tradition, Ève, après la
faute, ne s'habille pas, ici, même d'un pagne
léger ; car au même endroit nous retrouvons
nos vieux parents, coupables et condamnés
au travail, mais aussi nus qu'avant. Le corps
de l'Ève s'est déformé, les hanches se sont
élargies, le ventre a des plis, les seins ont
des chutes, mais, éternellement nue, la première femme file une quenouille en contem-
plant Adam qui bêche.

Voilà, conclut le vieux magistrat, quelques
échantillons pris au hasard dans ma collection pour la peinture ; ils prouvent que
l'Église n'a pas eu envers les décrets du
concile de Trente le respect qu'elle demande ;
mais la nudité est plus intéressante encore
en sculpture. On pourrait écrire un volume
sur la forme donnée par les maîtres aux
seins de la Vierge et noter la concordance de
ces formes avec les styles en architecture,
depuis le dôme byzantin jusqu'à l'ogive gothique, en passant par la courbe romane.

J'ai fait mouler trois cent vingt seins de la
Vierge. Il n'y en a pas deux qui soient semblables...

Faut-il rappeler, pour la cause du nu, les
sculptures de Michel-Ange, aux sexes animés, dans la basilique de Saint-Pierre à
Rome? Je trouve plus curieux de vous montrer pour conclure les moulages des deux
statues colossales qui se regardent de chaque
côté du portail de la cathédrale de Bâle. La
sainte montre un coin de chair, et le saint,
de l'autre côté de son pilier, approuve avec
un mouvement de mains et d'yeux expressif.
Mais on ne sait si le sculpteur a voulu repré
senter des saints ou des vices. Il y a si longtemps!

Le vieillard dit, et me congédia d'un geste
pieux.

LE SAINT-SIÈGE ET LES AUTOMOBILES

Les hommes sages ne se doutent pas que Rome, magistère suprême, collège universel, où le monde est considéré comme une collection d'élèves, s'occupe de tout et se mêle de tout.

Le pape, en ramassant la robe des Césars, la couronne des empereurs, la chaise curule des sénateurs romains, n'a pas entendu faire sienne la vieille devise: « Le préteur ne s'occupe pas de futilités. »

Il entend, au contraire, gouverner les millions d'âmes qu'il revendique et s'occuper des choses, dans le moindre détail.

Tous les pouvoirs viennent de Rome; toutes les juridictions aboutissent à Rome; toutes les fautes se donnent rendez-vous dans les étroits et longs couloirs de la Sacrée-Pénitencerie.

Les naissances, les mariages, la fabrication de l'eau bénite, les confessions, sont prétextes à Brefs ou à Indults. Chaque dispense se paye selon un tarif minutieusement dressé, que viennent grossir les pourboires et les bonnes mains.

Il n'est pas de péché un peu important, de méfait un peu savoureux qu'un prêtre puisse absoudre sans avoir reçu des pouvoirs spéciaux.

La hiérarchie romaine est la plus raide qui soit au monde. L'échelle de Jacob était un sentier sinueux à côté de la rampe qui mène au Vatican. Les degrés sont construits sous le degré suprême où repose le siège pontifical.

Mais, direz-vous, le pape est incapable de s'occuper à tous ces détails.

C'est vrai; le pape est un pavillon blanc, à l'ombre duquel travaillent ce monde obscur des prélats romains, ces tribunaux, ces administrations secrètes qui broient les affaires, rédigent les jugements, pour que le pape, entre deux bénédictions, donne une signature sans laquelle il y aurait lettre morte, là où une griffe met un ordre absolu.

Toutes les décisions prises sont réunies

dans un recueil officiel rédigé en langue la-
tine, les *Analecta*. Ces textes sont, d'ailleurs,
repris, expliqués, traduits dans des documents nationaux, en Italie, en France, en
Allemagne.

Pour la confession, par exemple, cette
clef de voûte qui soutient l'édifice romano-
catholique, il y a une foule de cas que les
spécialistes appellent *cas réservés*.

En droit, le pape seul a le pouvoir de par-
donner ces fautes. En fait, comme il aurait
trop à faire, il délègue à sa fonction les
évêques, qui eux-mêmes peuvent le plus souvent transmettre leur délégation.

Mais tout prêtre doit, dans certains cas
nouveaux, rares, imprévus, consulter le pape,
qui répond par l'intermédiaire d'un de ses
tribunaux.

Les questions sont posées en latin ; les réponses sont rédigées de même ; le tout, avec
initiales au lieu de noms, paraît dans les
Analecta ou autres recueils.

La collection des cas de conscience forme
le plus singulier état de sublimité, de subtilité, de naïveté qui se rencontre dans le
magasin de l'histoire.

Tantôt les demandes et les réponses

montrent la précision où excelle l'homme qui a disséqué l'âme humaine nue. Tantôt se révèle la timidité du prêtre, qui tremble devant une nouveauté, comme la feuille isolée s'agite à la première haleine du vent.

Chacune des inventions modernes a causé quelque consultation romaine.

Les automobiles n'ont pas échappé à cette loi et, pour la première fois, ce mot tout neuf vient de faire son entrée bruyante dans un texte latin.

Je traduis :

Un prêtre du diocèse de Malines (Belgique) soumet aux Révérendissimes Pères de la Sacrée-Congrégation le cas de conscience suivant :

« Peut-on donner l'absolution, en sûreté de conscience, à un chauffeur qui, *marchant à une vitesse excessive*, a écrasé un individu, et qui ne veut pas s'engager à ne plus dépasser la vitesse prévue par les lois ou règlements de police ? »

Le Souverain-Pontife, par la voix de sa Congrégation, répond :

« Il est évident qu'un prêtre peut et doit refuser l'absolution à quiconque, conduisant une automobile ou autre voiture, n'a pas le ferme propos de s'engager à éviter par tous moyens les accidents à lui-même ou à des tiers.

» Mais d'autre part, le confesseur ne peut pas exiger d'un chauffeur, même qui a causé mort d'homme, l'exacte exécution des mesures ou règlements de police. Ces règlements varient selon le temps. Il n'est pas admissible que tel homme commette un péché mortel en activant sa machine sur le territoire de la Belgique et ne le commette pas en donnant la même impulsion à son véhicule sur le territoire des Pays-Bas.

» Au surplus, les règlements pour la vitesse et pour l'usage des automobiles n'ont encore rien de certain ni de définitif. On ne peut en conscience demander qu'une chose à ceux qui usent de ce moyen de locomotion exceptionnel : ils doivent prendre l'engagement de ne rien faire qui puisse mettre en danger particulier leur propre vie ou celle des passants. »

La sagesse de cette réponse, qui porte la date de janvier 1902, est parfaite.

Plus étonnante était une consultation dont je n'ai pas la date sous les yeux, mais qui peut être vieille de deux ans.

Elle était adressée à un prêtre catholique anglais, et interdisait de donner l'absolution à un jockey, même à l'article de la mort, s'il ne prenait pas l'engagement de ne plus risquer sa vie dans les courses d'obstacles, en cas de guérison.

Cette réponse était signée, pour le pape, par le cardinal Verga, mort depuis. Ce prince de l'Église était le même homme qui avait interdit aux prêtres de la ville et de la campagne l'usage de la bicyclette, « instrument peu conforme à la dignité sacerdotale ».

La décision a, d'ailleurs, été rapportée récemment, à la requête d'un illustre évêque.

Il faudrait un volume pour reproduire les décisions prises par la Curie romaine à l'occasion des chemins de fer inventés.

On cite des arrêts qui interdisent à tout prêtre d'absoudre quiconque risquera sa vie sur les machines infernales, destinées à violer les lois de la nature sur la vitesse. Il y a aussi dans les archives du Vatican l'original d'un bref élogieux donné à Flachat, pour les perfectionnements apportés à la locomotive.

Il y a, même en France, la circulaire de certain évêque du Midi, qui conseillait aux

14

maires catholiques de son diocèse de ne solliciter ni gares, ni haltes des trains sur le territoire de la commune :

« Car le chemin de fer est un moyen de dissipation et de désordre par la trop grande facilité qu'il donne de quitter la vie calme des champs pour l'agitation malsaine des cités. »

Cet évêque paraît aujourd'hui vieux et falot à ceux qui lisent son texte. Qui sait si l'éternel roulement des choses ne lui donnera pas raison ? Les sages de l'avenir ressemblent parfois aux fous du passé

L'argument qui fait rire une génération séduit la génération future.

L'opinion de l'évêque méridional était celle de M. Thiers, qui traitait le chemin de fer déjà installé comme un « jouet d'enfant, dépourvu d'avenir ».

Pie IX eut soin d'inaugurer la voie ferrée dans les États pontificaux. Il avait même fait construire un wagon-salon, orné des plus charmantes choses, décoré des plus allégoriques peintures par les maîtres de l'École française à Rome. Ce wagon a eu le sort étrange d'une simple pendule. Il a disparu lorsque les Italiens ont pris la ville de Rome.

A-t-il passé par la brèche de la porte Pia ? Nul ne l'a su jamais. On raconte seulement que certaine belle dame, amie du cardinal Antonelli, avait dans son boudoir, après 1870, les panneaux du wagon, en forme décorative.

Longtemps, Léon XIII garda dans sa bibliothèque privée une petite locomotive-modèle qui circulait sur des rails autour d'une table :

Pauvre prisonnière, disait le pape, en la montrant. Elle est comme moi, une grande puissance étranglée dans un petit espace.

Léon XIII appartenait d'ailleurs au parti de l'Église qui aime les nouveautés. Il est le premier pape qui ait essayé d'utiliser la presse. Il a introduit la lumière électrique et le téléphone dans le palais de Michel-Ange.

Quelques mois avant sa mort, ce vieillard qui s'amusait à étonner le monde par la survivance de son âme, disait à un ambassadeur :

— Voici le dessin d'une automobile en forme de carrosse Louis XV qu'un fabricant de votre pays m'offre. Je la ferai peut-être exécuter pour m'en servir l'an prochain. Ce serait une grande économie pour mes finances si je pouvais remplacer toute la cavalerie de mes écuries par des machines modernes. Je n'ai pas peur des inventions.

Le nonagénaire, amant de la nouveauté, était le symbole de cette Église dont on a dit qu'elle est la vieille au front d'ivoire, sans rides et sans âge.

Pie X, coutumier des gondoles, trouve que les carosses du Vatican, mal traînés par des chevaux allemands quoique poussifs, ne constituent pas un accessoire nécessaire de la papauté. On a commandé pour lui un automobile électrique payable en un titre de comte.

PEUT-ON EN CONSCIENCE
PERSÉCUTER LES CONGRÉGATIONS?

Peut-on être catholique, bon catholique et approuver la *persécution* contre les congréganistes ? Peut-on même prendre part pieusement à la curée ? Non, répondent les douairières. Oui, clame l'histoire.

On peut noter que ni feu Léon XIII, ni Pie X glorieusement régnant n'ont dit un mot, un seul mot, un seul mot officiel en faveur des religieux expulsés, après la loi de 1901. Mais il y a mieux.

Depuis que les moines ajoutent à l'ombre de la croix l'ombre de leur cagoule, on a persécuté les congrégations.

On a été, tour à tour, le Pape, le Peuple, le Roi, le Parlement, l'Évêque. La main du bourreau a varié d'élégance et de beauté, Mais les coups ont été semblables aux coups. Il ont frappé le moine au front; ils l'ont assassiné. Et, chaque fois, la Congrégation, comme le phénix, a montré la faculté de renaître.

Il faudrait écrire l'histoire de l'Église pour raconter la querelle du régulier et du séculier. Il y a des trèves de Dieu dans le combat; il y a des apaisements pour cause de faiblesse commune. Mais l'amitié du curé pour le moine n'est jamais qu'une haine endormie.

Bossuet, la trompette de mots la plus vibrante qui ait sonné la charge de Dieu aux combats du monde, Bossuet fut l'adversaire impénitent et actif des congrégations.

On objectera que les congrégations du dix-septième siècle, — du grand siècle — ne valaient pas les nôtres. Les blanches ailes des cornettes avaient été brûlées aux rayons trop chauds du Soleil-Roi. Les manches de bure gênaient aux entournures les moines pourvus d'abbayes et de revenus. Qu'en sait-on et qu'importe ?

Il est plaisant de voir Bossuet, à la mémoire duquel la postérité a mis les ailes de l'aigle comme s'il était vraiment l'empereur de la parole, il est plaisant de voir ce même Bossuet traité par ses contemporains dévots, à peu près comme est traité un ministre moderne par les journaux modernes.

A peine nommé à l'évêché de Condom, Bossuet fit une ordonnance pour « *empescher les Réguliers de prescher ny d'administrer les sacremens* ». Il chargea son grand-vicaire de donner des pouvoirs par exception, pour un temps très court : « Mais, au reste, ajoutait le grand homme avec l'ironie de l'autorité, il (le grand vicaire) en usera paternellement avec les Religieux et traitera avec toutes sortes d'honnesteté ceux qui seront soumis. »

En même temps, Bossuet prenait l'héritage d'une querelle de son prédécesseur Louis de Lorraine avec les Clarisses de Nérac. Les historiens locaux, pour grandir l'évêque, ont réduit à une fort petite vertu ces Clarisses. Aucun document de l'époque ne confirme cette mauvaise opinion. Il paraît que la supérieure était une bourgeoise à la mode du Midi, un peu forte en parole, poing sur la hanche, ardente au geste et révoltée contre ce qui venait de Paris. Elle s'appelait Dudrot et savait mener les troupes au combat puisque, frappée d'excommunication, elle traîna l'évêque devant le Parlement de Bordeaux et

obtint un arrêt qui ordonnait levée de l'excommunication, sous peine de la saisie du
temporel épiscopal. Le roi intervint, donna
raison à l'évêque et dispersa par la force mi-
litaire les religieuses de la communauté qui
avaient fait résistance. Parmi elles était une
demoiselle de Guérin, grand'tante de cette
Eugénie que l'amour fraternel a rendue célèbre.

Bossuet reprit la guerre contre celles qui
avaient été maintenues dans le cloître de
Nérac. M. de Lagutère, promoteur à Condom,
et M. Méral, curé à Nérac, accusèrent une
des pauvres Clarisses du divin péché. Deux
épîtres de Bossuet prouvent l'intérêt qu'il
prit à l'affaire : « J'apprends par votre lettre
du 17 avril, écrivait l'évêque à M. Méral,
l'état de l'affaire de cette misérable, dont vous
m'avez écrit... »

M. de Lagutère recevait en même temps
l'ordre de mettre des formes à la condamnation :

« Je vois, par votre lettre du 10 avril,
commençait Bossuet, que l'affaire de la religieuse dévoilée, dont j'avais écrit, a été fort
examinée... »

La religieuse dévoilée ! quel joli titre de

roman avec le sens du voile arraché au front inconnu de la pauvrette, avec le sens de l'expulsion légale et brutale! Qu'était cette obscure oiselle d'un cloître méridional qui prenait les instants du génie lointain et l'enlevait au grand souci des phrases hautaines, au labeur d'une éducation royale? Elle a passé; elle a été condamnée, et son nom n'a pas eu d'écho dans l'histoire. L'oraison funèbre, dont elle fut honorée, demeura sans doute trop brève.

Cette affaire-là n'était pas finie que Bossuet avait à juger la querelle des capucins et des doctrinaires dans la même ville de Nérac. Le P. Henri et le P. Benjamin de Juliac, devançant les missionnaires diocésains, qui aiment les conférences contradictoires, s'injurièrent de belle façon dans l'église du collège. Il s'agissait d'une traduction du Nouveau-Testament que l'un recommandait, que l'autre condamnait. La scène fut du goût le plus rare et le plus populaire : le doctrinaire qui était en chaire, criait au capucin qui était au chœur : « Ce pauvre petit religieux ignorant vient de tomber en faiblesse ; il faut lui donner du vin. Ça, qu'on porte un peu de vin là-bas ; il y a un homme qui se trouve mal.»

Le promoteur Lagutère, qui prend à distance la mine un peu noire d'un accusateur
public, s'empressa d'avertir Bossuet, qui mit
tout le monde d'accord : il défendit aux deux
moines de prêcher jamais dans le diocèse de
Condom, ni même d'y mettre les pieds, sous
autre et vain prétexte.

Ce fut le dernier acte de l'épiscopat de
Bossuet à Condom.

Plus tard, évêque de Meaux, le même
Bossuet retrouva une affaire de religieuses,
et plus noble et plus haute et mieux en harmonie avec une gloire qui ne connaissait plus
d'égale dans la belle étendue de l'Église gallicane.

Bossuet était tiré pour toujours des anti-
chambres de Versailles et des couloirs où la
Renommée attend. Sa figure avait pris ce je
ne sais quoi de surhumain qu'a peint Rigaud,
en donnant à cet évêque la majesté d'un personnage de la mythologie et l'onction d'un
Père de l'Église.

L'affaire de l'abbaye de Rebais ne vaut
même pas d'être mentionnée. Bossuet n'eut
qu'à se présenter pour vaincre, et les religieux ne résistèrent que pour donner plus
d'éclat à leur soumission.

Autre fut le combat avec Henriette de Lorraine, abbesse de Jouarre, princesse de sang
royal. Il ne s'agit plus de pauvres Clarisses
lointaines et sans naissance, de filles mal
pondérées que le soleil d'été poussait à
quelques jeux trop humains, dans le silence
du cloître morne. L'abbaye de Jouarre vit encore, morcelée, coupée, mise en miettes, et la
police ira dans quelques semaines disperser
l'ordre nouveau planté là où mourut le grand
ordre, dans la fin de tout, à la Révolution.

Au dix-septième siècle, c'était la plus noble
et l'une des plus riches communautés de
femmes que l'on pût visiter. Elle était exempte
de l'autorité des évêques de Meaux, et cette
exemption était affermie par les discussions
de plusieurs siècles.

L'abbesse ne paraissait d'ailleurs que pour
toucher les revenus et vivait à la cour, les
uns disent : bien, les autres assurent : mal.
En tout cas, Bossuet osa, un matin de mai
1689, ouvrir une enquête sur les sorties fréquentes d'Henriette de Lorraine. L'abbesse répondit simplement « qu'elle s'étonnait qu'un
homme aussi discret et aussi habile que
M. de Meaux s'engageât dans une telle procédure ».

Condamnations, appels, contre-appels se suivirent. Enfin, l'affaire vint à la grand' chambre du Parlement de Paris. Tous les *mémoires* produits étaient de la main de Bossuet, qui y parlait avec une hauteur et une indépendance inusitées. La grand'chambre donna raison à l'évêque et le rétablit dans tous ses droits de juridiction sur l'abbaye.

Un mois après le jugement, parmi la neige, avec un cortège d'hommes d'armes, M. de Meaux gravissait la colline nue de Jouarre et recevait les hommages du clergé et du peuple dans la ville endormie. A l'entrée du monastère, ce fut une autre antienne : les portes étaient fermées ; les sœurs étaient réfugiées au fond du cloître et chantaient des psaumes en attendant le « persécuteur ». M. de Meaux fut affligé, non battu. Trois fois de suite il fit enlever la porte.

Pendant tous ces mouvements, l'abbesse avait rédigé à la cour de Rome un mémoire qui est aux archives du Vatican. Bossuet y y est accusé « d'avarice, de simonie, de vices inconnus (*sic*) ». Il y est dit que « cet homme sans naissance ne s'entend pas à gouverner les communautés religieuses ». Un procès-verbal des invasions « témoigne des violences

que M. Bossuet a exercées et qui ont scan-
dalisé le royaume ». Le tout est d'une belle
littérature, avec de l'émotion et cette vigueur
d'expression qu'avaient les femmes à cette
époque-là, qu'elles fussent de lit ou de prie-
dieu.

Louis XIV prit en ses mains royales la
cause de M. de Meaux. Rome s'inclina et
livra les noms des religieuses signataires.
Ce fut alors le dernier combat entre la princesse et l'évêque. M. de Meaux finit par interdire même les eaux de Vichy (déjà!) à
l'abbesse qui s'avoua vaincue et s'en fut
mourir de chagrin à l'abbaye de Port-Royal
de Paris.

Comment Marguerite de Rohan-Soubise,
jeune fille taillée dans un marbre radieux de
blancheur idéale, succéda à Henriette de
Lorraine, il serait long de le conter.

Comment, soumise d'abord au terrible
évêque, elle se révolta bientôt pour se sou-
mettre mieux, il serait indiscret de le demander à l'histoire muette, à la légende
bavarde. On entendit d'abord Versailles re-
tentir des plaintes et des gémissements que
poussaient le ménage Soubise, père et mère
de la religieuse ; puis on vit des lettres de

Bossuet, admirables d'autorité, royales de volonté. Et le silence se fit, égal sur les religieuses de grandes maisons et les petites sœurs de Condom...

Voilà comment le monde se croit moderne et n'est que vieux. Tout est un recommencement et les grandes persécutions finissent par être la proie des rats, tenue en quelques feuilles de parchemin dûment enregistrées.

LA CONSCIENCE
ET LES FAUSSES RELIQUES

Vers la fin de l'an 1903, le Pie X, doucement régnant, a ordonné la révision et le
contrôle sévère des reliques, « afin que la
piété des fidèles ne s'égare plus sur de vains
objets ». L'entreprise est belle, mais le succès
en est difficile. Quel est le critique qui
pourra aujourd'hui distinguer les vraies des
fausses reliques ? Les dévotes personnes ne
resteront-elles pas exposées à des doutes, péni-
bles pour les consciences ? L'enquête pontificale n'aura-t-elle pas pour résultat suprême
de rendre douteuses les plus illustres reliques ? L'histoire ecclésiastique avoue que les
reliques fausses ont produit autant ou plus
de miracles que certaines reliques dont l'authenticité est absolue, mais dont l'efficacité
demeure incertaine.

Les reliques sont divisées en deux grandes espèces : ou ce sont des corps de saints, des parties de corps, ce que la médecine appelle des débris anatomiques; ou ce sont des objets ayant appartenu aux saints, des morceaux d'étoffe, des bijoux, des linges, des accessoires, enfin. La première et la seconde espèce diffèrent en dignité, mais le nombre des miracles faits par les reliques ne paraît pas être en rapport avec leur noblesse.

Des reliques vraies, je ne dirai rien. Elles sont respectables même pour ceux qui ne les vénèrent pas. La foi est une poétique chose et le spectacle est charmant d'une jolie bouche posée sur un beau reliquaire.

Mais les fausses reliques, celles que Pie X, veut traquer dans l'univers, comme il les détruisit dans son diocèse de Mantoue, on les voudrait énumérer toutes ; car toutes sont amusantes à décrire.

Voici d'abord les faux débris de la circoncision. Pourquoi ce pluriel? Simplemen parce qu'il y en a sept également vénérés, également ornés d'indulgences, également scandaleux.

Ce résidu est une insigne relique, et

Moréri, dans son dictionnaire, à la page 108 de l'édition de 1725, désigne les heureux sanctuaires dépositaires du trésor : l'abbaye de Coulombs, près de Chartres ; la cathédrale du Puy, la collégiale d'Anvers, l'abbaye de Charroux, la Basilique du Latran, à Rome, l'église d'Hildesheim, en Saxe, enfin la cathédrale de Metz.

La Révolution, grande irrespectueuse, a détruit ou déplacé quelques-uns de ces restes glorieux. Mais il y en a encore cinq, avec des Bulles de papes et des certificats d'authenticité. Dès longtemps, il faut l'avouer, les catholiques éclairés s'effrayaient de ce scandaleux étalage. Il portèrent leur doute aux pieds d'Innocent III qui répondit :

— Il vaut mieux laisser cette discussion à la connaissance de Dieu.

Mais voici toute une école qui se dresse contre les sept reliques. Jacques de Voragine, dans sa treizième légende, affirme que Notre-Seigneur avant de monter au ciel a ce qui manquait « pour entrer complet dans le royaume du Père ».

Saint Athanase, homme fort respectable dans le recul du temps, croit aussi que Jésus-Christ ressuscita tout entier.

Le jésuite Suarez, en une thèse copieuse, prouve que Notre-Seigneur « a maintenant dans le ciel l'objet du litige ».

Le débat a fait couler des flots de discussion. On a publié a Rome une « Narration critique et historique de la relique très précieuse, etc... »

L'auteur assure que « l'absence de cette partie infiniment petite ne nuit pas à l'intégrité rayonnante du corps de Jésus ».

Il est impossible d'insister sur le sujet, de citer les textes des théologiens, sans manquer de respect à la mémoire la plus pure qui soit dans l'admiration des hommes.

Passons aux reliques de la Passion. Elles sont de la seconde espèce. Mais elles ont causé des guerres et révolutionné des empires. M. de Combes leur a consacré deux volumes où il y a de tout, même des révélations intéressantes, des franchises involontaires, le tout enchâssé dans une modeste littérature. Nous avons, par M. Combes, les mesures exactes de la vraie croix, les voyages, les remaniements, les romans de ce bois sec qui a fait fleurir sur le monde un printemps nouveau.

Paulin de Nole, pour expliquer la quantité

de bois de la vraie croix qui est répandue dans la Chrétienté, explique ceci :

— « Elle (la croix) se laisse tous les jours partager en plusieurs morceaux et demeure exposée tout entière à la vénération des peuples. Cette vertu incorruptible et cette fermeté inaltérable sont l'effet du sang de cette chair divine. »

Nous avons aussi l'histoire du calice de la Cène, de l'éponge et du sceptre de roseau.

Antonin vit le calice en onyx ; Bède le vit en argent. Puis, il devint le Graal d'or dans les romans de la Table ronde.

Catherine Emmerich, mieux renseignée que tout le monde, a raconté l'histoire de ce calice : Noé l'a sauvé du déluge ; Melchissédec l'a donné à Abraham ; Moïse l'a placé dans le trésor de l'arche ; Véronique l'aurait acheté et donné à Jésus. « Il était fait d'une matière singulière, ajoute Catherine Emmerich, compacte comme celle d'une cloche et qui ne semblait pas avoir été travaillée comme un métal, mais être le produit d'une sorte de végétation. »

Combes (le Pieux) ajoute loyalement : « Rêverie innocente, mais sans portée ni vraisemblence. »

La colonne où Jésus fut flagellé est à Rome, à Sainte-Praxède. Mais elle est peu vraisemblable.

La boucle de fer qui servit à lier les mains du martyr divin fut donnée à la Sainte-Chapelle de Paris, où elle était désignée sous le nom de « carquan ». Elle avait été cédée en 1247 par Beaudoin II.

La couronne d'épines qui est à Paris n'a d'histoire que depuis l'an 400, ce qui est déjà une belle date. C'est un bandeau de paille ou de foin séché, sans épines. Placée sur la tête, elle s'enfoncerait jusqu'aux épaules. Cependant, M. de Mély a trouvé, dans différentes églises, cinq cent soixante-quinze épines très longues, qui proviendraient de la couronne. Ni le foin ni la paille ne sont épineux. Mais les archéologues ont trouvé une explication. L'archéologie est une belle chose, quand on connaît la manière de la faire servir aux pieux desseins.

Le sceptre de Jésus, qui était un roseau se voit à la fois entier ou morcelé à Constantinople, à Florence, à Audechs, à Waloped du Mont-Tabor, à Soissons, à Corbeil et à la Sainte-Chapelle de Paris.

Le saint suaire a causé des querelles trop

récentes pour qu'il soit possible d'y revenir :
M. Ulysse Chevalier a prouvé son inauthenticité sans réplique possible.

La tunique de Jésus, conservée à Argenteuil, coûta fort cher à l'abbé Vanel, qui osa douter de cet article de foi parisien. On lui fit bien voir la puissance de la tunique en le chassant du diocèse. Cet homme distingué est aujourd'hui desservant de la Demi-Lune, un vilain coin de la compagne lyonnaise.

Après les reliques de Jésus-Christ les reliques de la Vierge sont les plus nombreuses dans l'ordre de la fantaisie.

Trente-sept églises conservent le lait de la Mère de Dieu.

M. de Rémusat raconte qu'un guerrier rapporta douze cheveux de la Vierge. Ces cheveux furent distribués entre Rouen, Saint-Ouen, le Bec et Cantorbéry. Saint Anselme considérait que cette relique pouvait remuer le monde. Ce qui prouve que les destinées tiennent parfois à un cheveu.

Tel sont les deux seuls restes organiques de la plus divine des créatures : on sait que le corps de Marie fut emporté an ciel par les anges. A cette gracieuse légende se rattache une relique, qui semble flotter sur l'histoire

15.

de France comme un premier drapeau. Saint Thomas, le vieux sceptique de la Maison de Dieu, se prosterna sur le sol quand il vit la Vierge au plus haut des airs. Marie baissa sur lui son dernier regard humain, détacha sa ceinture de sa taille et la laissa tomber Le Père Ollivier, sûr de lui, en bon Dominicain qu'il est, sait l'endroit précis où le bon saint Thomas se tenait, un peu au-dessus du jardin de Gethsémani.

La ceinture plonge dans l'oubli, paraît à Constantinople, à Jérusalem, puis flotte à la cour de France, autour du berceau de la monarchie. Elle aurait été rapportée, par Charles le Chauve, de Byzance. Malheureusement, il est prouvé que jamais Charles ne parut en ce lieu.

Dans le jugement de Dieu qui fonda la France moderne, le champion national Grivegonelle portait la ceinture de la Vierge, prêtée par la reine. Vainqueur, il la déposa dans l'église où elle est encore. Mais un prêtre sceptique, Mgr Barbier de Montault, a découvert qu'elle porte une inscription grecque, qu'elle est de fabrication byzantine et fausse.

Faux aussi les souliers de la Vierge, dont Clément VIII a couvert d'indulgences le profil dessiné sur les feuilles de papier. Les portraits de la Vierge — les portraits d'après nature — sont aussi nombreux qu'apocryphes. Celui de saint Luc, s'il a jamais existé, est difficile à retrouver parmi les vingt-quatre peintures ou sculptures qui lui sont prêtées dans autant de sanctuaires. Jamais procès de faux tableaux ne fut plus longuement et plus inutilement instruit.

Les premiers saints sont les dignes émules de la Vierge en matière de fausses reliques. On montrait à l'abbé de Marolles la tête de saint Jean-Baptiste qui était à Amiens. Il dit en la baisant : — Dieu soit loué ! C'est la cinquième ou la sixième que j'ai l'honneur de baiser.

Il y avait, par surcroît, deux cervelles du même grand homme, l'une à Nogent-le-Rotrou, l'autre à l'ancienne abbaye de Thiron.

Chartres et Séclin ont chacun le corps entier de saint Piat.

Cologne possède le corps entier de saint Aloph ; mais Utrecht a une tête de surcroît.

Calvin, dans son Traité des reliques, a publié la liste des reliques multipliées comme de simples pains. D'après ce travail, sainte Agathe aurait six seins ; saint André, cinq corps, plus deux têtes, plus deux épaules, un bras et un pied ; sainte Julienne, vierge et martyre, a trente corps bien complets, plus trois têtes.

Si les reliques commettaient des crimes, il faudrait plus compter sur les *alibis*. Heureusement, elles ne font que des miracles !

Cela sert même à les mettre à l'épreuve.

Pour s'assurer de leur authenticité, on les présentait jadis aux possédés. Si le possédé faisait des grimaces, la relique était bonne. Un jour, M. du Crochet, gentilhomme normand, vint avec un beau reliquaire ancien passer l'épreuve. Devant l'évêque et le haut clergé, il approcha la boîte du possédé, qui se mit aussitôt à hurler. L'évêque allait sceller le reliquaire et le déclarer bon, quand M. du Crochet l'ouvrit et montra le contenu : le pied du dernier sanglier qu'il avait tué. Il dit :

— C'est ainsi que vous vous moquez de Dieu, de la justice et de la vérité avec de fausses possédées louées à la journée.

Puis il vira sur ses talons et revint à la chasse.

A Paris, on enrôlait des truands qui allaient faire les possédés devant les reliques de la Sainte-Chapelle. Au dix-huitième siècle, les truands jouèrent si bien le rôle et devinrent si orduriers en leur parler, que Louis XV supprima l'épreuve avec la cérémonie.

Ces histoires pourraient se dérouler à l'infini. Les fausses reliques ont cela de commun avec les vraies qu'elles attirent les pèlerins, font parfois des miracles, et permettent des offrandes qui les transforment en vraies fermes pour les églises. Tel fémur inauthentique donne plus de bénéfices qu'une mine d'or réelle. Mais le dernier mot du scandale impie, en fait de fausses reliques, appartient aux anciennes Sœurs de la Visitation. En 1730, elles ouvrirent le cercueil de sainte Marguerite-Marie, et « des chairs réduites en cendre, elles composèrent une pâte qui se distribua aux fidèles pour satisfaire leur dévotion et qui opéra force guérisons miraculeuses ». Cette phrase, — j'ai besoin de le dire, tant d'histoire paraît invraisemblable, — est extraite de la *Relation officielle de la cérémonie de l'ouverture du tombeau de Marguerite-Marie*. C'est une brochure in-4°, de huit pages, imprimée chez Simonnin, à Charolles.

Après cela, on ne voyait rien qui pût être cité dans l'ordre du ridicule, quand la cour-

toise érudition de M. Bernard Monod, archi-
viste-paléographe, nous a valu une lettre de
grand intérêt. M. Bernard Monod est un jeune
historien, appartenant à l'illustre famille dont
chaque membre honore les causes dont il est
le serviteur : la droiture, la sincérité, la
loyauté sont des traditions pour ces Monod
que leurs adversaires admirent et respectent
au tournant le plus raide de la polémique :

« Puisque vous vous occupez des projets de
Pie X sur les reliques, m'écrit M. Bernard
Monod, je me permets d'entretenir vos futurs
lecteurs, par votre intermédiaire, de la façon
dont on envisageait ce problème dans le
monde catholique français, il y a huit siècles.
Rien n'est nouveau sous le soleil, et Pie X
ignore peut-être que l'œuvre d' « épuration »
qu'il entreprend aujourd'hui a déjà été tentée
au début du XII⁰ siècle par un pieux moine,
Guibert, abbé de Nogent-sous-Coucy.

» Au XI⁰ siècle, le culte des saints avait
pris un énorme développement. La multi-
plication des églises rendit nécessaire celle
des reliques (on sait en effet que l'autel prin-
cipal de chaque église devait recouvrir un
corps saint), et on ne se gênait pas pour fa-
briquer des reliques avec autant de zèle qu'on

fabriquait de nouvelles légendes de saints.
C'est alors que les monastères de France
émirent la prétention, comme Saint-Denys, de
remonter aux temps apostoliques : c'est alors
que le mouvement provoqué par la Ire croisade eut pour résultat un véritable commerce
de reliques entre la Palestine et l'Orient en
général, et l'Europe occidentale, la France et
l'Italie en particulier.

» Un moine historien du XIe siècle, Raoul
Glaber, nous raconte l'histoire d'un homme
qui se faisait des rentes en vendant des ossements quelconques comme des reliques de
martyrs. Au début du XIIe, le mal prit des
proportions bien plus grandes, et bientôt, les
fausses reliques faisaient autant de miracles
que les vraies : les abbés et les évêques se
plaignirent à l'envi de cet excès de miracles,
« qui ne leur laissaient pas de repos, qui ne
rendaient personne plus vertueux, et qui
étaient peut-être l'œuvre du démon » (cf. la
Vita Hidulfi, la *Vita S. Vincentii*, la *Vita
S. Wolbodonis*).

» Ces exhibitions d'ossements, ces pérégrinations des reliquaires, ces quêtes faites
autour des corps saints allaient provoquer
une protestation particulièrement énergique
de la part de cet abbé de Nogent, l'homme

le plus cultivé de la deuxième moitié du XIe siècle et du début du XIIe. Dans ses *Mémoires* (Monodiarum libri III), dans son *Histoire de la Ire croisade* (Gesta Dei per Francos) et enfin surtout dans son traité *Des reliques* (de Pignoribus sanctorum) il eut l'occasion de s'élever à plusieurs reprises contre l'abus qu'on faisait alors du culte des reliques.

» Parmi les histoires les plus curieuses où s'est manifesté son esprit critique, il faut noter celle du chef de S. Jean Baptiste que prétendaient posséder l'empereur de Constantinople, — et les moines de S.-Jean d'Angély. Et Guibert de s'étonner justement : on ne peut suspecter la bonne foi d'un empereur ; d'autre part, les pieux moines de S.-Jean d'Angély sont dignes de confiance.

» Mais alors ! on sait fort bien qu'il n'y eut qu'un seul S. Jean-Baptiste, et personne ne pense que S. Jean ait eu deux têtes ! Qui donc pourrait-on croire ? Et quelle tête est la vraie ? — Guibert conclut en déclarant que par respect pour les saints et les martyrs, il faudrait sceller leurs tombeaux d'une double pierre et les laisser reposer en paix au lieu de les déchiqueter pour augmenter la gloire de nos églises.

» Il faut lire dans la publication que M. Lefranc, secrétaire du Collège de France, a consacrée au Traité des reliques de Guibert de Nogent, l'histoire de la découverte supposée du corps de S. Firmin à Amiens, faite par le prédécesseur de Guibert à Nogent; de la prétendue invention de S. Exupère, qui avait donné lieu à une amusante confusion; de la dent du Seigneur Jésus-Christ, que prétendaient posséder les religieux de S.-Médard de Soissons, et à l'occasion de laquelle Guibert avait entrepris cet ouvrage.

» Guibert nous donne d'autres preuves de son bon sens et de son sens critique lorsque dans l'*Histoire de sa vie*, il raconte comment les clercs de Laon s'en furent quêter en France et en Angleterre pour la reconstruction de leur cathédrale, en promenant avec eux les reliques qui avaient échappé à l'incendie de 1112. Il commence par s'écrier : « Je n'écris pas une ode pyrrhique pour célébrer les miracles que firent ces reliques. Que nos clercs les racontent en détail, s'ils le veulent! » Et il ajoute ironiquement: « Passons sous silence les guérisons ordinaires des malades, pour ne nous arrêter qu'aux prodiges vraiment inouïs. » Quant aux reliques

elles-mêmes, il n'y croit guère ; il les énu-
mère, non sans raillerie : un morceau de la
tunique de la Vierge, un morceau de l'éponge
dont on humecta les lèvres du Sauveur, « et je
ne sais pas bien s'il n'y avait pas aussi quelques
cheveux de notre divine Mère.[1] »

» Les reliques des Anglais ne lui inspirent
guère plus de confiance. Parlant du corps
du saint martyr Edmond, il s'exprime ainsi :
« Je ne dirai rien de son corps, si bien pré-
servé jusqu'ici des atteintes de la corruption,
non par des onguents humains, mais par des
baumes vraiment célestes, que l'on y admire,
des cheveux et des ongles qui poussent
comme le feraient ceux d'un vivant. Mais ce
qu'il est bon de rappeler, c'est que ce corps,
dont l'état est si miraculeux, *ne souffre pas
que personne se permette de le regarder !* »
Nous voilà prévenus.

» D'autre part, cet homme pieux et mo-

---

1. A côté des arguments rationnels et critiques qu'il
invoque pour réfuter l'authenticité de telles reliques,
Guibert s'élève contre l'habitude qu'on avait de prendre
des morceaux des corps saints pour les vénérer, car, disait-il : « Il est criminel de supposer que quelque partie
puisse manquer au saint lors de la résurrection, » et
l'existence d'une relique du corps du Christ en particulier est en contradiction avec le dogme de la résurrection.

deste luttait contre la vénalité qui envahis-
sait l'Église catholique, en s'opposant aux
pérégrinations des reliquaires, aux exhibitions de reliques, source fructueuse de revenus pour les moines qui possédaient des
ossements supposés vénérables. Il se trouvait appuyé dans cette lutte par le pape
Pascal II, dont la sagesse et la modération
succédant à la farouche intransigeance d'Urbain II, allait permettre à l'Église de France
de se réformer sans se brouiller avec le
pouvoir royal. Dans un concile tenu en 1100
à Poitiers, le pape Pascal avait osé, contre
ce mouvement grandissant de superstition
et d'adoration des reliques, faire édicter le
canon suivant par ses légats, les cardinaux
Jean et Benoît : « Qu'il soit interdit à aucun
clerc de prêcher en promenant des reliques
pour cause de lucre. »

» Et au livre Ier des *Gesta Dei per Francos*, nous trouvons cette paraphrase intéressante du canon du concile de Poitiers :
« Je crois devoir signaler une erreur perni-
cieuse sans doute, mais fort répandue principalement dans l'Église de France, au sujet
des corps saints. Tandis que les uns se
targuent de posséder le corps d'un martyr,

d'autres prétendent aussi posséder ce même
corps. Ces prétentions contradictoires viennent toujours du tort qu'on a de ne pas
laisser les saints jouir en paix du repos qui
leur est dû, dans une tombe immuable. Tout
en croyant que c'est par un sentiment de
piété qu'on recouvre leurs corps d'or et d'argent, je déclare que l'habitude où l'on est
de colporter leurs cercueils pour ramasser
de l'argent est la preuve certaine d'une honteuse cupidité. »

» Ainsi déjà au XIe siècle, l'Église catholique souffrait des mêmes maux qu'au XXe.
Seulement, les ecclésiastiques érudits, qui
voulaient se livrer aux études de l'histoire
et de la critique religieuse jouissaient d'une
liberté plus grande que les abbés Loisy,
Houtin et tant d'autres ; et Guibert après avoir
écrit contre les superstitions de l'Église romaine le plus formidable réquisitoire, atta-
quant avec ironie, bon sens et érudition les
abus d'une religion dont il était un fidèle
serviteur, mourut respecté et honoré, sans
avoir jamais encouru aucun blâme, pour avoir
osé suspecter l'authenticité des fables sur
lesquelles certains catholiques croient nécessaire de faire reposer l'Église. »

Ici finit l'intéressante lettre de M. Bernard Monod. Elle prouve que le problème dont s'émeut aujourd'hui la conscience pure du Saint-Père a ému d'autres consciences. Pie X peut s'inspirer de son prédécesseur Pascal II, dans une lutte où il trouvera pour adversaires les amis de ce qui rapporte, les curés et les moines dont la foi en certaine relique rappelle celle du fermier en la terre: tant qu'elle donne des bénéfices, la ferme est bonne !

TABLE DES CHAPITRES

Liminaire..................................... 5

Le divorce catholique...................... 14

Le flirt devant le pape..................... 22

L'amour sans but et l'Église.............. 29

La jalousie est-elle permise?............. 38

Casse-tête matrimonial.................... 47

Le devoir conjugal, en droit civil et droit canon. 55

L'amour libre est-il un délit?............. 64

Les droits du bâtard....................... 72

Le devoir de l'aumônier d'hôpital.......... 81

La responsabilité et les vices............. 89

Pour l'eau bénite.......................... 100

La fécondation artificielle est-elle pieuse?.... 106

L'accouchement et l'Église................ 113

Qui faut-il sauver, la mère ou l'enfant?...... 120

La folie et le divorce..................... 128

Les possédées et l'Église................. 137

De l'exorcisme à la douche.................   144

Le baptême et l'hygiène..................   150

La cuisine de la sainteté.................   158

Tarifs officiels et tarifs discrets............   165

L'usure moderne.......................   174

Commerce et sacrements.................   179

Marche funèbre........................   188

Refus de sépulture........   194

L'Église et les comédiens.............. ...   202

Histoires de théâtre....................   209

Les eunuques pour l'amour de l'art..........   218

Le nu et l'Église.......................   226

Le Saint-Siège et les automobiles...........   236

Peut-on en conscience persécuter les congré-
    gations ?...........................   245

La conscience et les fausses reliques........   255

IMP. E. BERTRAND, CHALON-S.-S.

Ouvrages publiés par *l'Édition Moderne*
Chaque volume **3 fr. 50**, franco

Les Jésuites

IDÉAL ET RÉALITÉ

Ils sont nombreux ceux qui aujourd'hui critiquent volontiers les Jésuites, sans connaître ni les règles, ni l'esprit de la Compagnie.

Des révélations étaient nécessaires, mais il importait de ne rien avancer qui ne fût conforme à la vérité.

L'auteur dans une série d'études — remarquables conférences religieuses — parle sincèrement et sans indulgence. Il met en parallèle la rigidité des règles des *Constitutions* et le relâchement continu de la discipline religieuse et en conclut que l'actuelle *Réalité* est bien éloignée de l'*Idéal* rêvé par Loyola.

CHAPITRES : La Vocation. — L'Orgueil. — L'Envie. — La Gourmandise. — La Colère. — La Paresse. — Le Clergé séculier. — Les Collèges. — Le Confessionnal. — Les Parloirs. — La Chaire. — Les Femmes. — Les Amusements. — Le Travail. — La Dénonciation. — Les Couvents. — Les Œuvres d'hommes. — L'Église. — La Pauvreté. — L'Obéissance. — L'Examen particulier. — Les Exercices spirituels. — La Chasteté. — La Politique. — La Réclame. — La Franchise. — L'Amour de la Compagnie.

Chez les Pères

> Pour la bonne cause tout
> leur est permis : *A.M.D.G...*
> PAUL BOURGET.

Ce livre est un recueil de 110 lettres trouvées, après l'expulsion des Jésuites, dans un de leurs plus célèbres couvents de Paris.

La préface explique comment ces lettres sont tombées en notre possession.

Authentiques et pleines d'intérêt, elles ont une portée qui ne peut échapper à personne.

Leur lecture apprendra au clergé séculier comment sont traités les cardinaux, évêques et prêtres dont le talent porte ombrage aux Révérends Pères.

Les gens du monde apprécieront la moralité des conseils donnés à leurs femmes et à leurs filles. Ils prendront un malin plaisir à compléter les noms dont les initiales seules figurent au bas et dans le corps de chaque lettre.

Chez les Pères est un ensemble de documents historiques et suggestifs qui jettent une lumière opportune — ou importune — sur l'intimité intellectuelle et morale de la communauté la mieux établie et la plus puissante des deux mondes.

VICTOR MAUROY

Satan-Dieu

Malgré son titre, — un peu surprenant, — ce livre est une œuvre de piété, de foi et de lumière.

Il apporte la preuve — *jusqu'ici toujours attendue* —de l'existence de Dieu. Il donne à Dieu son vrai nom.

Il le montre dans son incomparable majesté et dans sa réelle grandeur vertigineuse.

La création *ex-nihilo* s'y déroule à nos yeux.

Trente chapitres. qui sont autant de révélations, exposent une doctrine nouvelle admirablement vaste et belle. Aux *croyances*, enveloppées jusqu'ici d'ombre et de mystère, succède une *certitude* pleine de netteté et de magnificence.

AIMÉ GIRON & ALBERT TOZZA

L'Augustule

Voilà une œuvre de premier ordre et qui, dans un pays où l'on aurait le goût de ce qui est réellement beau serait assurée d'un succès éclatant.

Les auteurs de l'*Augustule* et du *Bien-Aimé* possèdent, avec un remarquable talent littéraire, les qualités spéciales qui sont indispensables pour écrire le roman historique : l'érudition très sûre, le sentiment de l'âme antique.

J'ajoute que ce qu'il y avait de dramatique et de pittoresque dans le sujet choisi par eux, — la décadence romaine, la mêlée des races qui se disputent le monde, — ils l'ont merveilleusement compris et traité en historiens et en artistes. Telle de leurs pages, par exemple la mort de la courtisane Thargélie dévorée par des ours, est presque digne de Flaubert, du Flaubert de Salammbô.

H. D'ALMÉRAS.

AIMÉ GIRON & ALBERT TOZZA

Le Bien-Aimé

(1725)

Louis XV adolescent, son premier amour dans le
cadre somptueux du château de Versailles, au sein
de l'atmosphère frivole et adorablement perverse de
l'époque;

Les rivalités déchaînées autour de la jeune et gracieuse tête royale;

Les frissons nouveaux, les désirs timides qui
flambent aux yeux et palpitent aux lèvres;

L'évocation sincère et inédite d'une page d'histoire
peu connue — voici de quoi éveiller la curiosité des
érudits, de quoi charmer les délicats.

O.-P. D'OLIGEZ

L'Oncle Dominique

Nous nous souvenons tous des émotions profondes que nous a causées la lecture de « Robinson Crusoé » et du « Robinson suisse », quand nous étions enfants ; l'*Oncle Dominique* nous procure ces mêmes émotions. C'est un ouvrage qui devra être mis entre les mains des jeunes gens et des jeunes filles ; ils verront là, dans une lecture saine, amusante et scientifique, ce que peuvent l'union et le travail dans une famille bien française, qui n'a pas hésité à quitter la terre des aïeux pour aller chercher, dans nos colonies, la satisfaction du devoir accompli et la fortune, juste récompense de leurs persévérants efforts, à travers mille dangers.

1er volume. — *Des Vosges au Congo.*
2e volume. — *Au Congo français.*

www.ingramcontent.com/pod-product-compliance
Lightning Source LLC
Chambersburg PA
CBHW070741270326
41927CB00010B/2061